鏡頭外的林佳龍

呂佳穎——著

從台中下雪的那晚談起

目錄

Contents

2018

推薦序

謝謝讀懂我的他

廖婉如

我們跟作者佳穎並不算是很熟的朋友，第一次讀這本書讓我非常驚訝，發現居然有人能僅僅透過跟局處首長們的個別訪談，就拼湊出一個外界沒機會認識，只有我們少數在身邊的人才得以看見的佳龍面向。

有一次為了確認內文，我跟佳穎通了電話，她發自內心地說，以前的她真的不能算認識佳龍，但是做完這些訪談之後，她現在有很強的動力想把這本書寫好，希望能讓隔著距離的外界看見佳龍比較不為人知、敦厚暖心的一面。

常有人好奇問我，為什麼願意犧牲家庭生活品質，無怨無悔地支持佳龍從政。原因很簡單，正是因為作為老婆，我眼中的佳龍，一直都是那個佳穎新近才發現的、有點憨、有點生活白痴，但是講起政策和願景就眼神發光、林教授上身的熱血佳龍。我也一直從這些小地方來判斷他是否走鐘。這件事情很重要，因為如果他走鐘了，台灣頂多是再多一個被罵政客的人，可是，對我和孩子來說，卻是失去了一個原本受我們尊敬的老公和爸爸。

其實，在台灣這種習慣看見政治人物瞬間就能跟選民稱兄道弟、天南地北聊天的社會，佳龍應該可以算是非典型政治人物吧？如果突然讓他跟陌生人坐在一起，你可以明顯感覺得出他嘗試找話題的努力，甚至會覺得他腦袋裡好像缺乏一些可以跟人家五四三隨興聊輕鬆話題的細胞。可是，如果跟他談政策，他卻又可以滔滔不絕連講好幾個鐘頭，絲毫不減闡述理想的熱情。或許，正因為這樣的特質，所以一般大眾和草根性格較強的民意代表們會覺得他似乎太正經了、無趣、總是硬梆梆地談政策、好像跟民眾之間隔層保鮮膜。媒體也可能因此解讀為他的人際關係不好。

可是，老夫老妻了，我自己反而覺得他有時候憨得可愛，像個沒有亮光漆的米色保溫盒，沒有吸引眾人聚焦的酷炫外表，也沒有煽動的詞彙色彩，但是一打開餐盒，裡面是溫的，每樣菜色都是精心規劃、全心準備的。那種憨，是種讓人放心的憨，因為不會做表面功夫。

大家現在都說他十年磨一劍，我覺得磨得好，磨得就是這個，去保鮮膜、掀餐盒蓋的過程。林教授的語言在這十年間接了地氣、跟民眾的心聯結在一起；林教授的政策理想也放進了溫度和生命感、從民眾的需求出發，看見政策對市民的影響，也謹記數字代表的是一個個生命的累積。

這些年來，林教授的確變了，成了台中阿龍，柔了些、靈活了些、接地氣了些，也慢慢學會開口鼓勵人，學會不要求每個人都跟他一樣是拼命三郎。佳穎提到，她發現佳龍的局處首長們雖然都異口同聲地說跟他一起做事很累、壓力很大，但是大家卻也都打從心裡真心喜歡跟他共事，敬佩他的宏觀願景，也會因為偶爾被他肯定了，而忍不住地微笑、感動、充滿成就感和使命感。

我心中的佳龍，是位仁者。可是這樣的佳龍，一般人看不到，因為不會五四三的他，壓根不會自己講，但是佳穎居然能從局處首長們的口中拼湊出來，這讓我感到相當驚訝。不過對讀者們而言，應該會有個掀開保鮮膜、甚至是掀開餐盒蓋的新鮮感。這本書很容易閱讀，泡壺茶、窩進沙發的角落裡，讀進去，您就知道我當初愛上的是個什麼樣的人。

序曲
我愛你們

「五、四、三、二、一，新年快樂！」

林佳龍穿著繡著台中市政府的黑外套，帶領市府一級主管，在后里的跨年晚會上，和市民一起迎接二〇一八年。

台中這晚，沒有煙火，只有陣陣飄下的雪花。

跨年不放煙火這件事，在台灣已經討論很多年了，但始終只停留在討論階段，每個舉辦跨年煙火晚會成慣例的縣市，沒有一個敢說不放，直到二〇一八這年，台中率先成為全台灣第一個跨年取消煙火的縣市。

林佳龍時而仰起頭，看著緩緩落下的「雪花」；時而放低視線，環顧民眾們的反應。

這「雪花」當然是人造雪，是用泡沫機做的，白白的雪花，隨風落下，好不浪漫。有人伸出手，捧著落下的雪花；有人幫女友，拍掉沾在頭髮上的雪花；有人邊看雪花，邊揉一下鼻子，因為空氣中有著些許的肥皂水味道，有些刺鼻。

這些，林佳龍都看在眼裡。

他的心情是忐忑的，因為之前從來沒有人在黑夜中利用這麼大的戶外活動現場，用泡沫機製造「雪花」——通常都是局限在比較小的場地製造，所以，今晚的效果好壞真的難以預測。

「我有點擔心……」跨年前三天的幕僚會議上，新聞局長卓冠廷這麼說。

「放心啦，這是一件對的事情。」林佳龍這麼安慰卓冠廷。

台灣人，或許該說全世界的人，都太習慣在跨年時放煙火慶祝了。

澳洲雪梨港、美國紐約的時代廣場、香港的維多利亞港等，跨年夜的煙火，總是又美又壯觀，人們的讚嘆聲，伴隨著的是濃濃的煙霧和火藥味，接著就會聽到一陣陣此起彼落的咳嗽聲！

「空汙」這兩個字，是台灣人近幾年來最敏感最熟悉的字眼。

林佳龍覺得在這個時間點，停放煙火，民眾應該可以接受，有了第一次，就可以有第二次，然後以後就可以徹底跟跨年煙火說再見了！

因此，一開始著手規劃跨年活動時，林佳龍就告訴同仁，不要放煙火，但要想出別的慶祝方式！「雪花」，正是團隊腦力激盪下的產物。

儘管活動前做過測試，但都是在白天，測試時現場也沒有這麼多人，因此跨年夜當晚「雪花」效果如何誰也說不準，更何況到時還有「風向」和「風速」等諸多不確定因素的影響。

其實，會議上卓冠廷說他為此擔心，林佳龍自己何嘗不也一樣？

但是，作為決策者的他，還是笑笑地說：「安心啦，一定很漂亮！」適時地給部屬信心，一起朝著對的方向前進。

那夜，林佳龍站在舞台上，拿起手機，伴隨著民眾的驚呼聲，拍下台中「下雪」的這一刻！

「雪花」在市民的歡呼讚嘆聲中飄起，林佳龍嘴角微揚，欣慰地環顧四周，一遍又一遍……

欣賞「雪景」片刻之後，林佳龍滿臉笑容地走下舞台。突然，他停住腳步，回頭說：「大家——」但語聲戛然而止，臉上甚至有些「歹勢、歹勢」，靦腆的模樣。

原來，局處首長們沒半個人跟上來。也就是說，當時只有隨扈一個人跟在他後面。

「辛苦了！」林佳龍對著隨扈這麼說道，算是把剛剛說的半句話講完。

隨扈像是心領神會似的，對著林佳龍微笑點頭。

想跟部屬們說聲「新年快樂」，結果沒半個人跟上來，林佳龍沒生氣，只覺得自己有些尷尬，有點不好意思。

「他不要我們跟，他不喜歡簇擁的排場，而是希望大家各司其職，顧好現場，不要因為他而影響原本的工作。」幕僚說出為何林佳龍回頭想跟大家說新年快樂時，會沒人跟在後頭的原因。

離開跨年晚會現場後，林佳龍回到自己的座車上，不斷打手機聯繫相關負責人員，關心人潮疏散的情形，希望一切順利平安。

他也傳了 Line 給太太和兩個孩子。

「台中下雪了。」他寫著。接著，又發了一句：「我愛你們！」

「媽，誰要回？妳要回嗎？」講話的是林佳龍的女兒，聲音輕輕柔柔，尾音都是上揚的，那是女兒撒嬌的聲音。

「好難得喔，傳來那麼一句話！」廖婉如說。

「跨年那幾天的假期，我帶孩子回台南娘家過節。也就是說，那幾天林佳龍是一個人在家，他應該是很想我們吧！哈哈……」廖婉如笑著說，臉上洋溢著幸福的喜悅。

「我愛你們！」

兼具市長與家長身分，林佳龍以相同的真情，獻給他的家人與台中市民滿滿的關愛。

Chapter 1

藏在細節裡的溫柔

有人天生熱情外放，讓你無時無刻都沐浴在陽光中；
有人天生內斂含蓄，將情感藏在不易察覺的溫柔裡。

這藏在細節裡不多言語的溫柔，往往滿含著對人、對土地的熱情！

Chapter 1-1

從心中最軟的那塊說起

海線大安阿嬤的鼎邊趖

往清水方向的國道四號上，有台車子平穩地高速前進。——那是林佳龍的座車，他正要趕去大安。

這個大安，是台中的海線大安區，不是台北的大安區；同樣都叫「大安」，卻有著截然不同的命運和樣貌。

台中的大安，是個靠海的小鄉鎮，建築物大都是舊式平房，鄰居住家彼此至少離個兩三百公尺遠。想要串門子，就騎上野狼 125 老牌摩托車，倏忽而至。

「噗……噗……噗……」摩托車聲自遠而近傳來，人未到，聲先到。在這靠海的偏鄉，這是很炫很「趴哩、趴哩」的配樂。

這裡的年輕人，大都離鄉背井北上大都會打拚前程，只留下老人和小孩，守著靠海的蔥田或芋頭田。

台北的大安，是首都的蛋黃區，高樓林立，名牌精品店隨處可見。不管是人人或是小孩，多半打扮摩登、時尚，他們的代步工具不少是「賓士」或「寶馬」雙B轎車，有些甚至是天價酷炫的跑車。

林佳龍時常跟人提起自己對「兩個大安」的觀察。

台中的大安，人口只有一萬九千多，是偏鄉中的偏鄉；台北的大安，則有近三十一萬的人口，是天龍中的天龍。

對政治人物來說，人口就等於選票，這麼一來，台中大安就是個沒選票的地方。不管是在政治人物的選舉盤算，或是分配資源的算盤裡，像台中大安這樣的地方，大都是被漠視、被犧牲的。

在這樣的思維下，過往的台中市長，或二〇一〇年合併前的台中縣長，應該都不常把這大安掛在嘴邊吧？至少也不會把太多資源放在這個鄉鎮，因為這樣做一點效益也沒有。

車子繼續往海線飆，林佳龍在座車上半低著頭，手指不停地在手機屏幕上滑動著。

他正在回覆一個又一個訊息。在前一個行程，市府團隊群組裡丟出來各種問題。

從台中市政府到大安，大約四十分鐘車程，車窗外的景象不斷改變——從摩登高樓大廈，變成老舊平房；從高大的喬木行道樹，變成矮小的灌木防風林；從貫穿台中市中心那條筆直的台灣大道，變成一條又一條蜿蜒的鄉間小路。

在這段從都會到鄉村四十分鐘「距離」的行程裡，林佳龍的內心反覆沉吟著一個念頭：「自己是否可以為固守在此家園的老人家們，多做些什麼？」

這天，林佳龍是要來大安辦花博說明會的。他不是只在大安區辦一場，而是以「里」為單位，一個里一個里地跑行程。

在中庄里時，說明會在活動中心的四樓舉行。

放眼望去，阿公阿嬤們總動員，幾乎座無虛席。這不是選舉場，而是政策說明會，阿公阿嬤們坐得住嗎？出乎意料地，林佳龍開口講話後，大家的眼神就一直聚焦在林佳龍身上，專注地聆聽，沒有任何人聊天哈啦。

說明會結束後，有些阿公阿嬤搭電梯下樓，但更多的是選擇走樓梯下樓。林佳龍和隨扈也是走樓梯下樓。阿公阿嬤年紀大動作遲緩，林佳龍總會耐著性子，默默地跟在後頭，慢慢地一階一階拾級而下。

從四樓到一樓，差不多要多走幾分鐘吧！

走樓梯下樓的那個片刻沒有人交談，非常安靜，安靜到走在林佳龍前頭的長

「我們可以為大安的老人家們，多做些什麼？」

者，似乎誰也不知道他們口中的「少年ㄝ市長」，正跟大家一起「恬恬地」慢慢走下樓。

不可否認的是，一句簡單的話：「阿嬤，細意喔~我卡你牽啦！」應該會讓阿嬤「記牢牢」，回去跟兒孫獻寶：「今仔日，咱少年ㄝ市長把我牽咧，落樓梯……」偏偏這樣的事情沒有發生。

「下樓梯的時候（這樣做）不好啦，危險！（萬一）老人家不小心踩空怎麼辦？」事後，林佳龍說出他當下選擇靜默的原因。

就這樣，林佳龍「恬恬地」走下樓，揮別老人家後，才又火速上車趕往下一個里，繼續進行花博說明會。

大安南庄里，離海邊更近。

里民中許多戶務農，田裡種青蔥，每天「與蔥為伍」十二個小時——清晨四點出門挖蔥，挖到早上八點回家開始洗蔥、分蔥、綁蔥，接著中午時分就會有人來收購，大約下午四點左右又來收購第二次。

台中大安的蔥，和宜蘭三星的蔥，同屬粉蔥，但因地理環境不同，不論是吃起來的味道或是外表，都不大一樣。

來到南庄里，除了滿目綠油油的蔥田，還可以感受到一陣一陣清涼的海風。很難不留意到，海口人臉上又細又深的皺紋，那是歲月走過的痕跡，也是為生活拚搏的印記。日升月落，潮來潮往，不變的是海口人的堅毅，他們順應環境，卻永不認命。

大安海口人，用大甲溪附近的砂壤土，種植青蔥，而且「蔥如其主」，永不認命——為了抵抗強勁的海風，大安蔥不高，矮矮的，蔥白也比較短，嚐起來比同品種的三星蔥更有蔥味和香氣。

這天，因為林佳龍要來，家裡已經三代種蔥的阿嬤，今日不下田，特意穿戴整齊，還在雙唇仔細塗上口紅，站在活動中心門口，逢人就招呼：「來喔……來吃鼎邊趖！」

這裡的鼎邊趖完全在地食材：米，是用大安天然湧泉灌溉生長的安泉稻米，芋頭和蔥，當然也是大安的農特產。

活動中心旁有個小房間，擺著兩個臨時搬來的大鍋爐，三個阿嬤正在那裡揮汗如雨忙活著。她們其中一位，把已經打成漿狀的安泉米，和切成細丁的大安芋頭，以及切成小段的大安蔥，全部攪拌在一起。另外兩位則站在大鍋邊，揮動鍋鏟，先煎後蒸。掀開鍋蓋時，滿室水蒸汽。只見三位阿嬤一邊半瞇著眼工作，一邊不時回頭透過小窗子瞄一下廟前廣場。

廣場滿滿的都是人，前頭擺著長桌，桌上擺著名牌，分別寫著：「議員」、「里長」、「區長」、「農會總幹事」和「市長」等字樣。

「小姐，妳跟市長講，我欲煮鼎邊趖予伊食，伊要留下來喔！」

原來，阿嬤們眼神不時瞄向外頭，緊盯著活動進度，是怕林佳龍講完就走了。這天，她們早上七點多就開始備料，那是一份招待重要客人的誠摯心意。

「這現炊耶喔？」

活動結束時，林佳龍看到工作人員端著鼎邊趖站在路邊，馬上面帶微笑開口問道。

「對啊，廚房裡面的阿桑在旁邊現炊耶……」

林佳龍一聽，隨即回過頭，轉身去找阿桑們。

這突如其來的舉動，原不在活動的規劃路線中，因此根本沒人引導。不過，陣陣飄來的蔥香和米香，卻是最好的導引。

沒一會兒工夫，林佳龍已經鑽進了臨時搭建的小廚房，幾個阿嬤一看到他便摀著嘴笑，高興到說不出話來。

「來呷，緊來呷……」簡單的招呼，純樸的笑容，傳達出阿嬤們的欣喜之情。

林佳龍二話不說，馬上拿起一旁的大盤子，把阿嬤們已經煎好的鼎邊趖，非常順手地夾了一塊，大快朵頤起來。

「好呷！好呷！」林佳龍邊稱讚邊跟阿嬤們說，「咱作夥來照一張相，好麼？」

（左上）切丁的芋頭和蔥段，加上打成漿狀的安泉米，這裡的鼎邊趖完全採用大安在地食材。
（右上）先煎後蒸，熱騰騰的鼎邊趖就可以入口了！
（下）林佳龍跟阿嬤說：「咱作夥來照一張相，好麼？」

阿嬤們興奮得說不出話，只是一個勁兒地猛點頭。照片連拍了好幾張。然而，阿嬤們實在太害羞了，頭都壓得低低的，根本沒看鏡頭。

「阿嬤，看鏡頭啦，免歹勢啦……」林佳龍的提醒，讓阿嬤們的笑容更加燦爛。

一切看起來就是那麼自然，交織著興奮與害羞，阿嬤們什麼都沒說，卻又好像什麼都說了！

確實，從一大清早就起床備料做鼎邊趖的阿嬤們，到廟前廣場前專心聽林佳龍講話的那些長輩，似乎都對林佳龍抱持著一股特別的感謝情懷。這點顯而易見，很難不觀察到，只是箇中緣由，旁人卻摸不著頭緒。

在一旁監督著一切活動進行的大安區區長周琇如，這時說了一句話，揭開謎底：「攏是為了公車和自來水啦！」

看到公車，就像看到媽祖婆

二〇一五年八月一日，大安區的老老少少，永遠都記得這一天。

這天，公車 658 開進了大安區的蜿蜒小路，沿途熱鬧到像是在迎媽祖婆，阿公阿嬤們不但衝出家門等候，還大放鞭炮慶祝。

台灣開始有公車的年代，大約可以溯源到日治時期。

不過，大安這裡，從來沒有市區公車開進來過，說這裡是偏鄉中的偏鄉，一點也不為過。

原來，偏鄉之所以為偏鄉，跟交通絕對有很大的關係。

台中市的海線就是：大甲、大安、外埔、清水、梧棲、沙鹿、龍井、大肚，這些地區交通都很不方便！

台中市交通局長王義川有天去清水拜訪議員，正要離開時，議員突然問他說：「你要入去台中喔？」

王義川滿心詫異地回問道：「這裡不是台中嗎？」

議員連想也沒想，馬上就說：「不是，這裡是清水！」

這段對話，讓王義川深有感觸。他心裡納悶：台中縣市合併已經七年多了，怎麼舊縣區的民眾，還覺得自己不是台中人，沒有認同感？

這是因為不管是經濟發展，還是交通運輸，都長期被忽視。

想要化解縣區民眾的長期被忽視感，讓他們生活便利一點，好「趁食」（謀生）一點，絕對需要手中握有公權力的人去策畫和實踐。然而，台中的海線地區，竟然不便利到連直達市區的公車都沒有，不就是數十年來，長期被忽視的結果嗎？

「放手去做，讓舊市區和舊縣區的人，都覺得自己是台中人，是同一國的……」

王義川說，這是林佳龍知道詳情後，當時對他說的話。

不過，在資源有限的情形下，要把公車開進偏鄉，是需要勇氣的！在整體資源不變的情況下，每多一台公車開進偏鄉，就意味著市區要減少一班，既得利益者不會反彈嗎？

果然，很快就有民眾在市府臉書專頁上留言：「我在中友百貨，一中街這邊等公車，以前三分鐘就一班，現在竟然要超過五分鐘，市政府在搞什麼？」

王義川說，林佳龍要他忍耐，繼續去做對的事，至於批評，「就留待時間慢慢去沖淡或驗證吧」。

在這樣的前提下，市區公車終於開進了大安。大安的阿公阿嬤，去台中榮總看病拿藥時，總算可以自己坐公車去，不用再叫兒女請假陪同；公車也開上了坐落在半山腰上的石崗國小，孩子上下學不必多走十分鐘的山路，也不會經過墳墓堆；公車更首度開進位在大甲溪畔和平區的松鶴部落，讓過去為了走上一公里到台八線搭公車，總得隨身帶張小凳子、邊走邊休息的部落長輩們，終於可以不用再長途跋涉，就有車可以搭到谷關和東勢採買、健檢了。

公車開進了偏鄉，串起很多路網，讓舊縣區的民眾，一點一滴，慢慢覺得自

「讓舊市區和舊縣區的人，都覺得自己是台中人，是同一國的。」串起路網，
拉近舊縣區與市區的距離，這是林佳龍的期許。2015 年 8 月 1 日就是一個起點，這一天，
公車 658 成為史上首次開進大安的市區公車。

己也是台中人。

除了有公車開進偏鄉，在台中地區，甚至還有小黃公車！

豐原老公坪山上，有兩個國中生天天要下山念書；如果開一輛公車上去，一個禮拜的成本是五千元；如果換成計程車，一趟二百五十元，來回就五百元，一個禮拜六天，成本是三千元，遠比開一條公車路線便宜。

王義川靈機一動，就開闢了小黃公車，專跑公老坪，載國中生上下課，等以後搭的人多了，再變成真正的公車。

不管是小黃公車，還是公車開進大安，莫不是為政者對人民的疼惜心，是為政者對翻轉偏鄉的實踐，是讓整個台中變成一個互助的整體。林佳龍認為，這些都是該做，而且是一定要投資的事。

水龍頭扭開的水

水龍頭一扭開，就有自來水可以用，這是習以為常的日常嗎？

在台中的舊縣區，諸如大安、石岡、新社、清水、東勢、霧峰、大甲、外埔等地區，自來水普及率都很低，不管是喝的水，還是用的水，通常都抽取地下水。往好處想，這是上天的恩賜，因為不是所有地方都有井水；但往壞處想，卻是一個城市發展停滯的象徵。

然而，要自來水公司把水管從城市延伸到鄉間，卻不是一件那麼簡單的事，這需要不斷溝通與談判，要爭取再爭取。經發局長呂曜志，為此練就一身和中央官員打交道的磨功，從二〇一五年到現在，已經不斷爭取補助投入七億多元的經費預算，日夜不停地進行相關水利改善工程。

一個城市的進步，就跟嬰兒學步一樣，要先會爬，才能學走，之後才會跑。讓大家都有「自來水」可以用，就是屬於「爬」的階段，要打好基礎，最後才能可能快步向前走。

「要讓大家都有自來水可以用！」

呂曜志說林佳龍很在意這件事，而且把這件事看得跟「招商」一樣重要。

這幾年，大安的自來水管普及率，是全台中市成長最快的地區，從百分之四十五．一六上升到百分之六十七．一三，台中市的自來水普及率到去年底高達百分之九十五．七五，成長幅度是六都第一。

而在拉管線要跋山涉水的大梨山、谷關、以及中苗交界的達觀地區，林佳龍想出了方法，先從裝設簡易自來水開始。三年多來，中央和地方投入近億的經費，讓一千戶人家終於有乾淨的水可用。

不管是自來水管，還是汙水下水道，都是一個城市的基礎工程，甚至該說是

「良心」工程。因為這些東西都在地底下，你有做沒做，民眾很難立即有感覺，不過卻影響深遠！

「我很有成就感！」說這句話的是水利局長周廷彰。

二〇一五年時，台中的汙水下水道接管率在全國是墊底的，二〇一八年預計會達到百分之十八。

從二十年前開始，到台中縣市合併前，整個台中僅有五座汙水處理廠，只能處理十萬噸汙水；二〇一五年到二〇一八年，短短三年，增加了六座汙水處理廠。目前全台中市共有十一座，可以處理二十六萬噸汙水，接管的戶數也從十一萬戶增加到十五萬戶。

這些數字，讓周廷彰講到眼睛發光。

汙水處理廠就像是都市的心臟；汙水下水道則是血管，一條又一條穿過大街小巷，然後繞去你家，把你家洗碗洗菜、洗澡上廁所的汙水全部運走，再送到汙水處理廠去處理、再生。汙水處理廠，對一個想要和環境永續共生的城市來說，有多重要，可見一斑。

礙於民情，民眾只要一聽到「汙水」兩個字，不是抱怨就是抗議，導致土地取得很困難；就算順利取得了土地，附近居民也會想盡辦法讓你無法動工。這時就需要說明會，而且要一辦再辦。因此，一個汙水處理廠，辦個上百場的說明會，

汙水下水道好比城市的血管，
台中的汙水下水道接管率預計在 2018 年達到 18%。
上圖為文山水資中心；下圖為林佳龍視察台中市西區五權西路雨水下水道的清疏成果。

是絕對必須的。從這點就不難窺見，過去二十年，台中之所以只有五座汙水處理廠的箇中緣由。

如今，為了教育民眾，也給民眾正確的觀念，汙水處理廠已經改名叫「水資源回收中心」！

豐原的水資源管理中心，二〇一八年十月即將完工，該中心四周還採取開放空間設計，甚至全面綠化，既是水資源中心，也是民眾休閒活動的鄰里公園，功能多樣！

這座中心，早在一九七三年就開始規劃，一直到二〇一六年才動工。從規劃到動工，花了四十多年，這中間的協調折衝，一言難盡。

豐原是台中北部的重要核心，除了傳統的廟口小吃——例如排骨麵、肉丸、鳳梨冰等等，總是吸引眾多各路人馬前來大快朵頤外，現在更因為交通發達，有了許多工商活動，人口也跟著增加了。因此，縮小城鄉差距，提升在地居民的生活品質，蓋水資源回收中心，只是第一步而已。

接下來，豐原就要開始汙水下水道的「系統」建設，將搭配後續的分支管網，以及用戶的接管工程。

周廷彰娓娓道來：「豐原這個汙水下水道系統建設，共有四期，一期六年，整個接管完成要二十四年。也就是說，林佳龍就算市長幹八年，在他任內也做不完，但他還是堅持要做——只因這是對的事！」

不僅數量急起直追，林佳龍上任後蓋的水資源中心，品質也是掛保證。二〇一六年，位在西屯的水湳水資源回收中心，得到行政院公共工程委員會「公共工程金質獎」的優等。二〇一七年，南屯的文山水資源回收中心，又再抱了座金質

（上）太平新光水資源中心。
（下）豐原水資源中心施工[illegible]景。

獎的優等回來。今年八月才剛啟用的新光水資源中心，位於太平，已經入圍今年的金質獎了。到底能不能三連莊，周廷彰講起這件事，可是滿心期待，那感覺，簡直比自己孩子上台領獎還驕傲。

總之，水資源管理中心和鋪設汙水下水道，需要系統性的盤點整合，工期又長，看似很慢才見到「政績」。因此，很多縣市長都比較喜歡開路造橋，因為做這些不僅快，甚至會讓人以為執行力百分百。至於地方上是不是真的需要這條路或是這座橋，則是另外一回事了。

現在很多縣市，還喜歡比較汙水下水道的接管戶數，但林佳龍對周廷彰說：「要在意但也不要太在意戶數。」

這是因為在台中鋪設汙水下水道時，要以市場、學校、醫院、軍營為優先，這些地方雖然只有一個門牌，汙染物卻很多。因此，如果優先鋪設這些公共場所的話，數字根本不會漂亮；但如果跳過這些排放汙水大戶，只一味追求接管戶數的話，又想要快點提升居家環境衛生，那根本是空談！

眼睛看不到的工程，往往是城市能否永續進步的基本動力。無奈的是，正因為眼睛看不到，反而容易被政治人物和民眾所忽視；日子久了，就讓城市喪失大步向前的契機，徒呼負負，懊悔莫及。

林佳龍常常跟自己和團隊說：「不能讓這樣的事在台中發生。」

當海線的交通不再那麼遙遠，當海線的水龍頭一打開汩汩流出的是乾淨的白來水，到那時，海線就踏出擺脫刻板「偏鄉」印象的第一步了。

便利的交通和乾淨的飲用水，是海線發展觀光最基礎的條件，進階的條件則是政府的政策作為。因為政治和經濟是分不開的，必須透過政策來創新經濟，讓海線鹹魚翻身。

那麼，政治和經濟又該如何在海線創新結合呢？

「清水的高美濕地，已經被國外的旅遊網站評選為『一生至少必遊一次』的景點，那麼台中其他地方的海線區域，就一定也能找出代表性的景點、活動和文化！」林佳龍總是這麼跟海線的幾個區長和相關的局處首長這麼說。

林佳龍早在蹲點時期，就常常拿出地圖研究整個海線地區。他想，高美濕地已經是台中海線南邊很亮的一個鑽石，那麼北邊呢？林佳龍要用政策作為創造經濟活動，讓小漁村不再是悲苦的代名詞。

清水的高美濕地在台中海線的南邊，每到黃昏，夕陽和晚霞映照著風力發電的風車，一會兒是亮麗的金黃，一會兒是神祕的紫紅，那景色真是美不勝收。再加上飛來過冬的候鳥在濕地上愜意地嬉戲，還有不時探出頭來跟你打招呼的招潮蟹和彈塗魚，以及在木棧道上許許多多或坐或站的人們，氣氛一片祥和溫馨，不啻是人間仙境。這片美麗的濕地，連續兩年吸引超過二百萬的觀光客前來。

「來這裡只看高美濕地的落日，那就太可惜了！」林佳龍以在地觀光導遊的語氣說道。

「在台中海線的北邊，還有大安的龜殼生態園區、媽祖文化園區、大安濱海樂園、塭寮漁港，這些都是具有濃厚人文特色的景點。純樸的漁村風景，伴隨親切的鄉親，絕對值得一遊。」

這幾年林佳龍逢人就大力推薦，並且大聲喊出：「南高美，北大安。」試圖串起整個海線地區共同發展的榮景！

縮小城鄉差距，翻轉台中海線風景。以高美濕地為中心，串聯多個海線的自然人文景觀，形成一條美麗璀璨的海線藍帶，台中海線地帶已經做好迎賓的準備，將張開雙手迎接更多觀光客的到來！

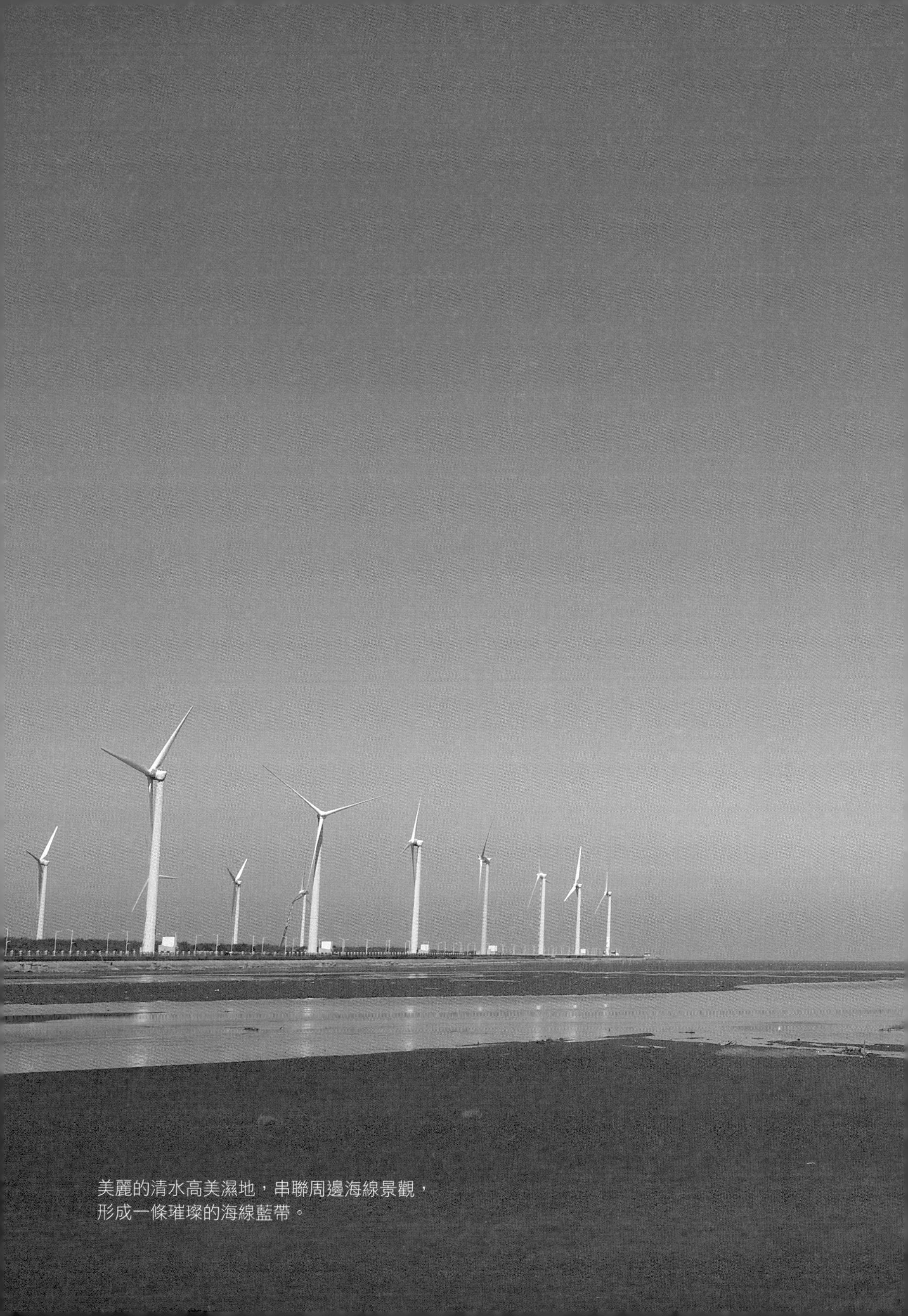

美麗的清水高美濕地，串聯周邊海線景觀，
形成一條璀璨的海線藍帶。

台中大甲和苗栗交界的松柏漁港，搖身一變成為多功能的漁貨拍賣市場，開工那天，林佳龍和立法院副院長蔡其昌都到了！

林佳龍和蔡其昌互動熱絡，上台致詞時還互相拉抬。二〇一四年時，他們倆為了爭取台中市長黨內初選時互相競爭的煙硝味已經完全消失不見！

「你巷仔內喔。」蔡其昌這麼說。

「你報我知的。」林佳龍這麼說。

他們對話的所指——活動的主角，正是松柏漁港。他們倆像是在一起唱雙簧、說相聲，致詞的內容彼此呼應，互增其趣。

「攏是現撈的！」蔡其昌用高八度的重音，跟大家介紹他選區裡的漁獲。

「來這買過，就沒法度去別的所在買！」林佳龍接續蔡其昌的話尾，加強大家對松柏港「尚青」的印象。

松柏漁港原本只是個小漁港，停泊的船隻不多，大都是小舢舨和膠筏。住在附近的漁民，通常凌晨就摸黑出海捕魚，早上六七點才靠岸，漁獲尚在整理中，很多日本料理店的老闆和老饕早就已經在排隊搶魚了。

老饕會來，當然是因為松柏港的漁獲夠新鮮。你相信嗎？這裡的漁獲都是「就地擱在地上」直接喊價開賣。什麼磅秤、漁獲……這些生財的東西，僅用個簡陋的籃子裝著，雖說很「克難」，長久以來卻養活了漁民一家老小。

漁民們當然也希望有個漂亮、舒適的集貨地，但在環境條件不如人意的情況下，因陋就簡也是不得不的做法。正因為如此，松柏漁港的漁獲，新鮮歸新鮮，價格卻好不起來。

林佳龍和蔡其昌，一個在地方，一個在中央，兩人彼此充分合作，一起為漁民爭取松柏港的改建計畫。

光是漁港附近的土地，從國有地變更為漁業用地，就耗了三年多時間。

有土地，還要有錢，因此改建計畫不能只靠地方政府，還要引進中央的力量，不然經費一定不足。蔡其昌拿著林佳龍的改建計畫，成功說服漁業署補助兩千七百多萬，其餘市府負擔，總經費九千萬，大家一起努力要讓松柏港成為新興的觀光休閒

松柏漁港的新鮮漁獲是許多日本料理店的最愛，為了打造更舒適的集貨地，目前也正在進行改建計畫。

漁港。

「一拜，開工平安，動土順利。二拜，圓滿成功，宏碁永固。」從昔日選舉的競爭對手，到攜手為人民福祉共同合作，林佳龍和蔡其昌寫下政壇典範。

誦唸過開工的祝禱詞後，站在一旁的大甲區區長劉來旺說他彷彿看到改建完成後的松柏漁港，正在舉辦一場時尚的現醃烏魚子秀。

松柏漁港最讓人驚豔的就是「現做現醃」的烏魚子。

俗稱「烏金」的烏魚，才剛捕獲上岸，還活跳跳時，漁民就馬上取出魚卵，灑上鹽巴，在港邊來場時尚的現醃烏魚子秀，這海味真的是「尚青」。

如果你一早就去松柏漁港看烏魚子秀，之後可以再去梧棲漁港吹吹海風。接近中午時分，再去台中港附近的三井 Outlet 逛逛。餓的話，殺到大安吃現炊現煎的鼎邊趖。整個下午，都可以在大安附近悠閒地四處逛逛，到處走走！

吃飽喝足後，來到「龜殼生態園區」——這地名真的很吸引人，這是一個沒有太多人工建築的園地，不管是生態溝或生態池，都採用自然工法，讓植物和生物能共生共榮。沿著步道走，可以看到遍地的水筆仔、彈塗魚，招潮蟹也在濕地上大搖大擺地晃來晃去。而步道的盡頭，就是一大片海，頓時間會讓人有股豁然開朗的舒爽，也難怪園區被指定為台中市的亮點公園。

遊覽過園區，還能走海翁（鯨魚）造型的北汕溪橋，去大安濱海樂園看人衝浪，最後再去高美濕地看夕陽！

在林佳龍的開發藍圖裡，翻轉海線絕對不是只靠高美濕地一個單點而已，而是要結合串聯大安、大甲、梧棲等多個海線地區，形成具有購物、自然生態及人文觀光的「海線藍帶」，這將會是透過政策來創新經濟的最好示範。

翻轉海線，融合自然生態與人文觀光，不只創新經濟，
也能讓民眾更了解、親近這片土地。

Chapter 1-2

從花博看到對地方的想望

那天他換了四條領帶

花博開第四次籌備委員會，這一天林佳龍行程滿檔，他換了四條領帶！淺綠色的，是動工典禮時打的；桃紅花色的，是去參加交接典禮打的；花卉圖案的，是主持會議時打的；紫色調的領帶，則是接見外賓時打的……

這該說是林佳龍太愛漂亮了嗎？

參與活動的人，其實不會知道林佳龍的上一個行程，或下一個行程是什麼，當然也就不會去注意他的領帶有沒有換過，但林佳龍還是堅持要換，他說這代表一種「心意」，一份重視活動賓客的「禮貌」表現。

「可是，沒有人知道你換過領帶啊？」有人質疑地問。

「但是，我自己知道啊！」林佳龍總是這麼回答。

而林佳龍最常換領帶的地方，就在車上。左手拉一拉，右手繞個圈……十秒內，他就可以打好一個美美順順的結。

領帶，對一個從政的男人來說，應該是生活必需品。

但是，林佳龍的太太廖婉如笑說，林佳龍當行政院發言人前，根本不會打領帶。

當新聞局長前，林佳龍是國安會諮詢委員，是大學教授，這些工作怎麼可能不用打領帶？而且林佳龍的爸爸是西裝裁縫師傅，他從小就習慣穿襯衫和西裝褲，這樣環境長大的孩子，不會打領帶？

耶魯回國後，林佳龍先到嘉義中正大學當教授，當時住在廖婉如台南的娘家。

「爸爸，我不會打領帶，你可以幫我先打好嗎？」

廖婉如說，林佳龍當時是這麼跟自己的岳父——廖婉如的爸爸說的。

廖婉如的爸爸廖錦祥，是奇美集團前董事長。廖婉如說她爸爸第一次聽到林佳龍說自己不會打領帶時，直覺得「哪會這呢古錐」，順手接過林佳龍遞過來的一大把領帶後，還轉身回自己房間，拿出很多別人送的，還沒開封過的領帶給林佳龍：「我遮夠有喔！」

翁婿兩人，就這樣坐在客廳裡，一個打領帶，一個在旁邊等。

手忙著，嘴也沒閒著，這個打領帶時間，其實也是廖錦祥和林佳龍的 man's talk 時間。而這樣的打領帶談心時間，幾乎每個月都要上演一次。

廖錦祥打好的領帶，都鬆鬆的，林佳龍要用時，只要套上脖子，拉緊就好！打著廖錦祥事先打好的領帶，應該有兩、三年的時間，直到林佳龍去當行政院發言人時，因為天天得面對鏡頭，他才意識到領帶得天天打，不能再這樣麻煩岳父了！

有天下午，林佳龍拉著廖婉如到百貨公司，直奔賣領帶的專櫃。

「他一次挑了好幾條領帶。」廖婉如說當時她還在想，是全部都要買嗎？結果，她老公下一句話是：「小姐，這些我全都買，但是妳要教我怎麼打領帶，而且是各種打法。」

就這樣，那天下午，林佳龍跟專櫃小姐學會了怎麼打領帶，從此開始自己打領帶。

剛開始的時候，整天都打同一條領帶，隨著職務的不同，參加的活動越來越多元，林佳龍覺得應該隨著場合的不同，更換領帶，這是禮貌，也是誠意。

花博領帶背後的故事

「午安！花博的進度……」

林佳龍才一坐下，就開門見山地要進度。這是花博的第四次籌備會議。

有人發現林佳龍換了一條有花卉圖案的領帶，那是他這天換的第三條領帶，而坐在他旁邊的副市長張光瑤，也打著同款樣式的領帶。

原來，這條領帶是張光瑤設計的，林佳龍把花博這個大專案交給他督導。

張光瑤在從政前，是一家光纖電腦科技公司的董事長，棄商從政「相挺」，除了是要支持林佳龍，還有一個原因，就是他想知道為什麼「站在台上」的人，老是被罵，所以就想來做看看。

從大老闆變成副市長，張光瑤用PDCA品管理觀念來督導花博的各項工作，他一直在想該如何落實林佳龍的理念，希望透過這次的花博活動，讓全世界更認識台中。

台中花博的Logo，有橘色的花、藍色的流水、綠色的樹葉，排列的形狀則是個台灣地圖。這三個看似不相干的圖案，仔細看來，卻是一個想要向前飛奔追夢的人形！

藍色水流，代表豐原展區葫蘆墩圳風雅的水岸花都；橘色花朵，象徵外埔展區豐饒的花果物產；綠色樹葉，則是后里展區的歷史老樹及和百年馬場風華交相營造出來的森林花園。

「Green、Nature and People」，是台中花博的 Slogan。

那飛奔的人形，就是利用反轉的概念，強調人和自然緊密連結——三個圖騰缺一則人形將不復存在，警醒著人們，必須與大自然永續共生。

再說到張光瑤設計的領帶，把花博的 Logo 放進去，象徵以台灣為中心，展望世界。領帶的底色選用低調卻很有質感的灰藍色，將花朵、樹葉、水流所象徵的台灣圖案，襯托得更有朝氣。材質則是亮面的超細纖維，隨著光線的轉換，彷彿看到那人形意象正要飛奔，迎向光明。

有天開會時，林佳龍和各局處首長，發現張光瑤就打著這條領帶，因為很繽紛很年輕，很難不發現到。一問才知道，他不僅自己設計了這條領帶，還自掏腰包找廠商製作，要送給朋友和訪賓。

「你摸摸看……」張光瑤逢人就介紹這條花博領帶，下一句他還會問：「你猜多少錢？」接著說：「七十塊！」

一條七十塊，一千條就七萬塊。張光瑤自掏腰包送領帶行銷花博，他說這錢他花得開心又值得！因為收到花博領帶的朋友都會盛讚好看，而且都打上去參加各種活動，張光瑤笑說：「這是免費的宣傳啊！」

對於林佳龍來說，「繫領帶」代表一種「心意」，一份重視活動賓客的「禮貌」表現。在與韓國昌原市締結友好城市的簽署儀式上，林佳龍繫上了台中花博的領帶。

現在的花博領帶，不再只是張光瑤自己做來送人的領帶而已，已然是市府正式編列預算，用來推廣花博的行銷品。

林佳龍打，張光瑤打，林陵三也打，市長和兩個副市長都帶頭打。

一條花博領帶，訴說著一個團結市府的故事！

從山線延伸到海線的花博

二〇一八年十一月就要盛大開幕的台中世界花卉博覽會，是國際園藝生產者協會（ＡＩＰＨ）認證授權的國際園藝博覽會。

台中花博一共有三個展區，分別是后里馬場及森林園區、外埔永豐段、豐原葫蘆墩公園。

其實，外埔永豐段和豐原葫蘆墩公園，原本不在預先規劃的展區裡。最早的展區全部落在后里馬場和后里台糖土地，以及后里營區和中科后里基地隔離綠帶，共約九十七公頃的土地。

展區之所以會變更，是因為台中市政府農業局委託中興大學，對花博預定地進行基礎資源環境調查時，疑似拍攝到石虎的影像，經過專家比對，確認影像就是第一級保育動物石虎。

（上）花博外埔園區，樂農館。（下）花博豐原園區，日景。

於是，林佳龍主政後的台中市政府，決定把有石虎棲息的原預定場地剔除，同時在兼顧區域發展的考量下，另外加上外埔永豐段、豐原葫蘆墩公園。

后里是山線，豐原也是山線，外埔則是海線！

這三個地方都是舊縣區，豐原算是舊縣區的市中心，后里和外埔則是比較鄉下的地方，尤其外埔更是。

翻轉海線，林佳龍是認真的。就在這樣的思維之下，花博從山線延伸到了海線，延伸到了外埔。

去海線各個里辦花博座談時，林佳龍總是不厭其煩地跟居民一一說明其理念。當他說到花博會有特產館，但不會只在展區才有，海線的幾個地區也都會有花博特產館，還說大家的農特產品，也都可以印上花博的Logo時，阿公阿嬤鼓掌的手就一直沒停過，口中還喃喃自語地說：「咱們出運啊！」

真的，阿公阿嬤的那句「咱們出運啊」，對林佳龍來說很受用！

這是因為林佳龍的父親是雲林麥寮北上的裁縫師傅，從他有記憶以來，就看到很多雲林鄰家北上的哥哥姊姊，來「家裡」當學徒。而所謂的家，其實只是違章建築，只能說林佳龍父親，當時要照顧的人很多。

雲林麥寮也是海線，海口人的堅毅在林佳龍父親身上，展露無遺。

那個年代，會離家學藝的人，沒有一個家裡生活是好過的。

少小就要離家的苦，少小就要離家的怨，在夜裡，有時會變成一條不斷拉扯的線。線的一端，是再苦也要撐住，就是要力爭上游；線的另一端，是禁不住誘惑，墮入紅塵，什麼吸毒、偷東西等壞事，樣樣都來。

這線，沒有中間，只有兩端，也就是兩極端。

林佳龍從小就看到這線的兩端，不斷地在拉扯、擺盪，是要力爭上游？抑或墮入紅塵？如果有人可以拉一把，該多好？

「只要有能力，就要做那個拉人一把的人。」林佳龍的爸爸，從小就這麼叮嚀他。

因此，對人的「疼惜心」，總是左右著林佳龍的決策，花博展區把海線的外埔納進去，就是最好的例證。

當花博為了石虎轉彎，展區還從一個變成三個時，其實不少市府官員心裡都暗自叫苦，因為這大大增加了交通運輸和接駁的難度。到時只要有個交通上的小問題，例如接駁不順之類的狀況，很容易就會被媒體放大處理，那麼之前所有的努力，很可能因此完全被抹煞。

但是，林佳龍非常堅持，就是要大家往前衝，一起翻轉縣區和海線。

從地方走向國際的共好

花博，顧名思義就是要有各種花卉，而且正是要透過各種花卉展覽，讓人們體會到環保、綠生活的重要性。

台灣不是第一次辦花博，上一次是二〇一〇年在台北，當時不管是硬體（綠建築）或是軟體（花卉主題），都讓國際看見台灣的創意。

這些創意，二〇一八的台中花博都會持續發光發熱，還會增加許多「在地元素」，讓中外旅客重新認識「台灣」！

二〇一八的台中花博，要讓「在地」和「國際」連結，這是林佳龍的企圖心！以后里園區來說，強調的是生態Nature，自然共生。

后里本來就是馬場，因此打造成「百年花馬樂園」和「森林花園」。

森林花園大規模地保留了森林原相，讓遊客可以沿著「台中母親之河」大甲溪流域，觀察生態和環境間的變化，體會沿岸居民的文化，主要是原住民的生存智慧和工藝之美。

台中花博的吉祥物，有「歐米馬」老馬，和「石虎一家」：虎爸、虎媽、樂虎姊姊、來虎弟弟，這些發想都源自后里園區。

「石虎一家」象徵的是保護石虎棲地，與自然生態共存的精神；「歐米馬」

（上）石虎是台灣現存唯一的原生貓科動物，目前全台不到 500 隻，瀕臨絕種；台中是其棲息地之一。（圖片來源：行政院農業委員會特有生物研究保育中心）
（下）台中花博的吉祥物，有「歐米馬」老馬，和「石虎一家」，這些發想都源自后里園區。「石虎一家」象徵的是保護石虎棲地，與自然生態共存的精神；「歐米馬」訴說的則是后里馬場的風華往事，林佳龍藉由花博的契機，重新修復百年馬場，保留古蹟與歷史建築。（圖為花博后里馬場園區的花舞館夜景）

訴說的是后里馬場的風華往事，那是重要的歷史印記。林佳龍也藉由花博契機，重新修復百年馬場，保留古蹟與歷史建築，同時打造亞洲最大、國際級的馬術競技場。

歐米馬還出了Line貼圖，其中一款是歐米馬吹奏著后里著名的薩克斯風，秀出文字：「哥，就是帥！」擦亮在地特色。

原來，活動的吉祥物，只要多花點心思，就可以跟在地文化、生態、產業相結合，也可以跳脫以往僅僅考慮「可愛」和「賣萌」的框架。

外埔園區，強調的是生產Green，綠色共享。

宜蘭的噶瑪蘭威士忌，近年來得獎連連，國際馳名；外埔的埔桃酒，也不遑多讓，這酒，就是採用外埔特產「蜜紅葡萄」釀造的。

二〇一五年，英國世界葡萄酒競賽，埔桃酒勇奪金牌。得獎消息傳來，外埔這個海線的小地方，老老少少，莫不歡欣鼓舞。那是一種終於可以揚眉吐氣的暢快感！

居民希望透過這個金牌獎，讓外界多認識外埔這個好地方。這裡物產豐饒，農產有火龍果、百香果、葡萄、稻米和芋頭，花卉則主要有文心蘭、火鶴、劍蘭和百合。

二〇一六年蔡英文總統上任，埔桃酒就是她的就職典禮指定用酒。

「花果原鄉」是外埔園區的主題，精緻農業、綠能農業、智慧農業，這些都可以在外埔園區見到。台灣以農立國，農業在這塊土地的過去、現在和未來，是需要被傳頌的，而土地所承載的文化，更需要被探討和理解。

豐原葫蘆墩園區，強調的是生活People，人文共好。

豐原是糕餅之鄉，「葫蘆墩」則是豐原的古地名。

清朝同治年間，丘逢甲客居神岡的筱雲山莊讀書，他在讀書之餘，經常品嚐筱雲山莊主人從葫蘆墩（今豐原）、社口買來的糕點。

「新歲嚐新已薦瓜，春風消息到兒家；綠磁正汲南壇水，一樹玫瑰夜點茶。」

那糕餅，再配上一壺茶，每每讓丘逢甲齒頰留香，不禁作詩詠嘆。

傳統的農業社會，品嚐糕餅是奢求，有錢有閒的人才會有「呷餅、配茶」的閒情雅致。葫蘆墩早年能夠發展，是因為清朝雍正年間，有人引大甲溪水開鑿「葫蘆墩圳」，使得葫蘆墩、潭子、神岡，乃至台中平原，都因圳水灌溉系統良好，荒漠變良田，造就了地方的富庶及許多士紳，諸如豐原萬選居、潭子摘星山莊、神岡筱雲山莊、社口大夫第等等。

當時士紳和官府與名人雅士之間的交際應酬，就都用「糕餅」為禮，因而促成葫蘆墩糕餅業的萌芽。

日治時期，豐原又因為是木材集散地，客商雲集，工商業繁榮，讓糕餅的需求量遽增。

中正路是豐原的主要幹道，百年老廟慈濟宮就在這兒。民眾拜拜不是用水果就是用糕餅作為供品，慈濟宮的存在，也間接造就中正路成為糕餅業的大本營。就算現在去走一遭，依然可以看到許多家知名餅店，諸如老雪花齋、聯翔、寶泉、義華、寶才、國豐等等。

做個有歷史的人，葫蘆墩展區的特色就是打造「水岸花都」，規劃全台最長水岸花廊，透過既有葫蘆墩公園及軟埤仔溪河岸空間進行景觀營造，結合園藝、花卉及地方漆藝、林業、糕餅業，讓一個生態河濱公園，充滿生活、人文和環境的共好。

台中花博，這麼一個國際級的活動，卻充滿在地元素，從諸多細節可以得知這不是那種「一次性」的活動。

林佳龍就是要讓台中走向國際，營造出整個城市光榮感的永續精神。

花博豐原園區，透過葫蘆墩公園及軟埤仔溪河岸空間，進行景觀營造。

交通局
臺中市政府
市長
林佳龍

Chapter 2

深謀遠慮的行動派

I am a slow walker, but I never walk backwards.
我走得很慢，但從不後退。

——林肯總統

由價值和遠見，所支撐起的行動力，對於一個政治人物來說是很重要的。

Chapter2-1

積極面對空汙

從「禁用」到「管制」

今天的天空是灰濛濛的還是晴空萬里？

曾幾何時，那給人清透浪漫的霧氣，竟全被霧霾給取代了。霧霾讓整個西半部的山嵐，沒了原本的顏色和朝氣，就算是清晨時分，也看不見那在樹梢上的露珠，不管你多麼用力地呼吸，都聞不到記憶中那股清甜的氣息。

空氣品質不好，絕對不是一朝一夕就變成這樣，而是一點一滴慢慢累積來的。中國飄來的境外汙染，當然是原因之一，而台灣多年來自己所造成的環境汙染，也是肇因。這兩者交相作用下，一旦秋冬季節來臨，吹起東北季風時，中南部的天空就不再美麗。

東北季風為什麼會讓空汙更加嚴重？

環保局長白智榮，在紙上畫起台灣的地形圖，一一說明。

他先把台灣的番薯形狀畫出來，然後在中間畫上代表山巒的符號。

他一邊畫一邊說：「這是中—央—山—脈—。」

「中央山脈」這四個字，白智榮說得又重又慢。

有趣的是，中央山脈對中南部人來說，真的是又愛又恨。因為高聳綿延的中央山脈阻擋了颱風，所以人們愛它；也因為它阻擋了東北季風吹散中南部懸浮微粒的機會，空汙因此久久不能散去，人們面對它的綿延高聳也只能無奈以對。

白智榮的皮膚跟他的姓一樣，很白淨，一看就是個很斯文的人。

但是，他年輕的時候卻是個拳擊選手，還曾連續三年獲得全國中上學校第二名。這意味著，在他斯文外表的背後，有著一顆很堅強的心，是那種為了獎牌可以忍受孤寂，一天到晚苦練，也就是「使命必達」的人。

在接環保局長以前，白智榮是水利局的副局長，那時是二〇一六年四月，民眾已經清楚認知，曾經以為的霧，其實是PM2.5的懸浮微粒，根本就是空汙。

在霧霾罩頂的時間點接任環保局長，雖說是升官，但其實有如跳火坑，白智榮當初怎麼會願意？

「我防禦心比較強，但市長已經做了那麼多——，我能做的當然要做。」白智榮說。

許多人可能不知道，早在空汙問題還不是個熱門議題時，林佳龍就已經默默在做防治工作了，那時還曾被笑稱「阿呆」。

二〇一四年底，林佳龍才剛上任台中市長，就邀集民間的專業團體和專家學者組成空汙減量小組，擬定空汙改善計畫。不少專家學者都指出，在二〇〇五年以前，PM2.5的懸浮微粒常被當成霧，直到二〇一四年左右，民眾才逐漸意識到問題的嚴重性。因此，林佳龍才一上任就組成空汙改善小組，一開始還有人摸不著頭緒，想說：「這是在玩哪一招？」

其實，那個時候，所有的空汙焦點都集中在雲林。

當時雲林縣長李進勇提出「禁止使用生煤及石油焦自治條例」，要求條例施行日起一年後縣內工廠就不能使用石油焦，二年後完全不得使用生煤。這個條例，二〇一五年五月在雲林縣議會三讀通過，卻引起經濟部、六輕和地方產業的強大反彈。

經濟部反對的原因是，發電系統仰賴火力發電，如果不燒煤，會無法穩定供電，環保署旋即在二〇一五年九月七日函告雲林縣政府的決議無效。理由是，能源管理法屬於中央權限，而且空汙法規定使用生煤、石油焦的管制，是採用「許可制」，因此雲林縣政府要求「全面禁止」，是剝奪人民請求核發許可的權利。

雲林麥寮有台塑的六輕大煙囪，台中海線則有台電的台中火力發電廠大煙囪。林佳龍在看到李進勇的「禁用」生煤被打回票時，馬上就邀集空汙小組的成員討思因應對策。記得那時還有人說：「台中的空汙還沒有這麼嚴重，我們需要訂定自治條例嗎？」

白智榮說：「從這點就知道林佳龍是個『走在前面』的決策者，擁有全盤規劃的能力，會預先做好準備。」

台中市府最後還是根據地方自治條例，把「禁止」變成「管制」，訂定了台中市的管制生煤自治條例。就這兩字之差，讓當時的馬政府無話可說，但也僅止於此，因為中央政府其實沒有任何作為。當蔡政府上任後，行政院經濟部、環保署才具體承諾中火「減煤、減排」的規劃。

中火的那五根大煙囪，從一九九二年完工啟用時，就陸續一根根矗立起來。這五根大煙囪，曾經被視為帶動台灣經濟起飛的大功臣，如今，卻被台中市民「認定」為空汙的元兇。

真是此一時也，彼一時也。

露天燃燒稻草及農業廢棄物也是造成空氣汙染的原因。

當手機的 Line 訊息聲響起時

如果你加台中市政府為 Line 好友，當空氣品質不好時，早上七點半左右，就會聽到 Line 響不停，接到市府的提醒，就意味著「今天的空氣品質不佳」，出門要記得戴上口罩。

Line 點進去一看，台中市政府的「空品訊息通知」會簡單明瞭告訴你，為何這天的空氣品質會不佳，而市府又將如何因應，要啟動預警二級應變還是預警一級應變。這些在 Line 裡都清楚告知，毫不隱瞞，還附上空品測站監測圖。

所謂的預警二級，當任一座測站AQI大於一百時，主要應變措施如下：

（一）加強固定源、逸散源及移動源污染稽巡查與管制。

（二）各大工地加強周邊道路洗掃作業，加強營建工地揚塵逸散查處。

（三）各企業、清潔隊，進行認養道路洗掃作業。

（四）中火依空品狀況提早進行預防性降載……等等。

所謂的預警一級，當任一座測站AQI大於一百五十時，主要應變措施如下：

（一）通報前三十大型污染源配合減排並加強巡查。

（二）加強固定源、逸散源及移動源污染稽巡查與管制。
（三）各大工地加強周邊道路洗掃作業，加強營建工地揚塵逸散查處。
（三）各企業、清潔隊，進行認養道路洗掃作業。
（四）目前中火二座機組停機，另將友善降載，總降載量達一千兩百六十百萬瓦（MW），並持續注意空品狀況……等等。

資訊透明化，清楚告訴民眾，市府會怎樣處理，不避諱責任。

但是，注意到了嗎，台中市政府不管是一級還是二級應變，都把「加強固定源、逸散源及移動源汙染巡查與管制」，放在很前面。

固定汙染源，很多人看到一定馬上講中火，但其實還有為數不少的工業用鍋爐。中興大學教授莊秉潔就指出，目前的中小鍋爐大都是「燃油」的，導致碳的排放量比老舊的柴油車還高。為改善此一問題，台中市創全國首例，一方面把鍋爐汙染物的排放標準提高，一方面搭配補助汰換燃油鍋爐為天然氣鍋爐，這樣的獎勵措施，讓業者有誘因願意為空汙盡點心力。

移動汙染源，指的就是滿街跑的汽機車，甚至還有為數不少的二行程機車，二行程機車PM2.5的排放量，是四行程機車的五倍，林佳龍上任後，市府也頒佈「臺中市淘汰二行程機車及新購低污染車輛加碼補助實施計畫」，鼓勵市民淘汰二行程機車。

逸散汙染源，則是餐飲業者的油煙排放、裸露場地（工廠、工地）的揚塵、農民燃燒的稻草，以及宗教慶典的燒香、燒金紙和放鞭炮。

把汙染源分得這麼細，當初在市府的內部會議裡，很多局處首長都提出質疑。「市長，你這是在指責民眾也是空汙的製造者嗎？民眾因為空氣不好已經很生氣了，我們幹嘛要引起這個話題？」

林佳龍卻覺得這些都不是問題，因為該讓民眾知道的還是要讓民眾知道：「天空會這麼迷濛，你我都有責任。」

這麼做雖是對的，但實在是一點也不討喜。為了防治空汙問題，政府一直跟民眾講大道理，但民眾根本聽不進去，甚至會被誤解是政府自己想逃避責任。

不過，林佳龍很堅持，他認為政治人物固然是要順從民意，但也要引導民意到正確的方向上——解決空汙不是隨意找一個「獵巫」的對象就能化解。問題不解決，永遠還是在那裡，久了甚至會惡化，只怕到時更難收拾。

如果你跟林佳龍說，中火就是台中空汙的主要原因，他會說：「這只是原因之一，但絕非全部。」

一名跑台中市府新聞的記者就說，其實林佳龍這樣子回答真是很蠢，因為民眾聽了一定不高興。但是，他還是照說不改，就算你罵他，他還是試著跟你溝通道理，他還是會說：「空汙的成因很多，而且人人有責。」

就在你以為自己選錯人，正想要對他破口大罵時，他卻早已經轉身離開，積極協調中火的降載和減煤去了。

中火運轉到現在將近三十年，林佳龍是第一個成功讓它降載和減煤的人。林佳龍根據台中市府的管制生煤自治條例，要求中火在四年內減少百分之四十生煤使用量，將延展許可證的有效期限由原本的五年縮短為兩年，這等於中火「每兩年」就必須向市府申請展延一次。

很快地，到二〇一七年底兩年的申請展延期限時，林佳龍藉著中火向市府申請的時機，一口氣大砍中火的生煤五百萬噸。

這消息一出，不只台電跳腳，就連中央也是憂心忡忡。假使沒有任何配套措施，綠能也還沒跟上來，減煤是有可能引發全台大缺電的，到時候這筆帳該找誰算？台電一定會說，罪魁禍首正是台中市政府！

「他想得很遠……。他要我們不要怕！」白智榮說。

原來，林佳龍心中是有盤算的。因為中火大減五百萬噸生煤要到二〇一八年二月才開始生效，到時苗栗的通霄電廠、高雄大林電廠的新建機組，都已經開始加入運轉，台電絕對有能力可以調度電力。

「這不是辦不辦得到，而是有沒有決心去做。」

林佳龍能有這樣的信心和豪氣，是因為他做足了功課。而他做的功課，不是單靠找專家學者開會，或是看看資料而已，而是所有事情都用「未來行事曆」來計畫和管控。

林佳龍的未來行事曆，不是僅做到週和月的規劃，而是以季、年做單位，並且佐以節慶和重大活動或事件。上頭所標示的重大活動或事件，更是跳脫台中，把全國的各項重大建設和活動，都列進來。當需要做決策或是思考事情時，只要把未來行事曆，拉開逐一審視，把眼光放遠後，就知道點線面該注意什麼，因此總是有讓人眼睛一亮，或是拍案叫絕的點子出現。

敢跟中火賭梭哈，一口氣砍五百萬噸的生煤，就是因為林佳龍充分利用「未來行事曆」。看似冒著大跳電的危機，卻是在告訴台電：「我清楚你的底線，別打馬虎眼！也別想愚民，搬出什麼電不夠、會缺電的謬論來。」

與其說林佳龍是政治精算師，不如說他步步為營，很戰略、很認真地去面對、去處理每一件事。

一款用了十七年的日誌本

每週一早上十點，是台中市府的市政會議。

在市政會議前，林佳龍固定和局處首長有場會前會，就這週的工作概況和注意事項，先行溝通。這個會前會，除了有橫向聯繫功能，同時也是讓各局處長了解，其他局處在忙些什麼，自己是否可以從中幫上什麼忙。

而這個會前會，最近時常提到的議題就是空汙。

環保局長白智榮苦笑著說：「已經很習慣『繃緊神經』了。」話鋒一轉，卻又鬥志高昂地說：「空汙是長期抗戰，只要我們用心，民眾一定會有感受的。」

「去年台中市PM2.5懸浮微粒，改善幅度達百分之十一．四，是六都第一。」

這天的會前會，白智榮帶來好消息。

這讓原本在看資料的林佳龍，隨即帶著笑容抬起頭，接著就拿起筆，打開自己隨身攜帶的本子，記錄了起來。

看到老闆執筆做筆記，白智榮儘管心裡興奮，嘴上卻還是很冷靜地接著說：「二〇一六年第四季，到二〇一七年第一季，積極協調公私場所降載有成的縣市，台中市同樣獲得六都冠軍，我們減量二千零三十八公噸，整體消減值為百分之八．七，我們會有一千萬的獎金……」

這時，林佳龍臉上的笑意更深了，他的手同樣沒閒著，繼續在本子上振筆疾書。

回憶起林佳龍在會議上記筆記的樣子，白智榮說：「市長做筆記，就表示接下來他會去跟大家講。他雖然沒有說，但這是他肯定我們成績的方式……」冷靜又矜持的白智榮，難得這麼地情緒外顯。當白智榮講到「他會去跟大家講」時，還伸出食指比出「1」的手勢，像個考試得滿分的小男孩。

當林佳龍記完白智榮報告的台中市因「降載減空汙」居冠獲獎的事情後，他闔上本子。

那是一本白色封面，長約二十公分，寬約十公分，高約五公分，正面看很瘦長，側面看卻很厚實的筆記本。這個本子的大小讓人一看就難忘，曾經有人以為這是一本口袋書，還問林佳龍：「剛剛會議時，你在看什麼書？」

「那是我的日誌本啦！」

「去年是橘色的，今年是白色的。」

原來，是林佳龍用來記筆記的本子，是日誌本，是那種一天一頁，還用小時標記的日誌本。

之所以需要細到按小時分隔，是因為林佳龍習慣把每天的行程，自己一筆一畫地寫上去。林佳龍說手寫的感覺比較踏實。而他寫行程的時間，通常遲至晚上就寢前，這時更容易靜下心來，再次思考行程的重要性——為何要去？以及去了的意義在哪裡？

至於本子的顏色，會從去年的橘色變成今年的白色，彩度差別這麼大，不是因為心情不好，而是林佳龍說希望今年多「留點白」，好任意地盡情揮灑！

說著，說著，林佳龍拿出去年的橘色本子，赫然發現，去年跟今年的本子是同一款，只是顏色不一樣而已。

顧不得旁人的訝異反應，林佳龍接著說：「我已經有十七本款式一模一樣的日誌本了。」

林佳龍說，有次在家整理東西時，把多年來的本子擺放在一起，有黑的、咖啡的、藍的、綠的，桃紅的……，各種顏色應有盡有，連他自己都笑了出來——根本是座七彩顏色日誌本山嘛！

好奇林佳龍每年選色的標準嗎？

林佳龍說，其實要看當下走進書局時的心情來決定，有沉重的，有嚴肅的，有熱情的，有希望的，也有喜悅的，就是每年換一種心情！

為什麼都選這個款式？

林佳龍說：「我覺得它的Shape，姿態很漂亮。」

講「姿態很漂亮」的同時，林佳龍還拿起今年的白色日誌本，輕輕地拍拍它。

林佳龍今年的日誌本輪到「白色」。
裡面一天一頁，還用小時標記，特別適合註記每天的行程。
林佳龍開心展示多年來使用的同款日誌本，
隨手一翻，裡面密密麻麻，都是工作的備忘記錄。

從一本日誌本，就能看出一個人的秉性。

林佳龍堅持、認真的功夫，絕對不僅止於在政治路上展現，而是在所有生活的大小事上，都很執著，表裡如一。

翻開林佳龍的日誌本，二〇一八年一月二十四日那天，林佳龍寫著：「環保署領獎。」

從環保署署長李應元手中，接過協調降載有成的一千萬獎金支票時，林佳龍說拿這個獎他心裡充滿了「心酸」！因為能夠得獎，表示台中的空氣的確有改善的空間，目前雖然已經進步到中段班，但還需要繼續努力。

在領獎的同時，林佳龍也提出對抗空汙的三支箭：一是擴大鍋爐排放加嚴管制的範圍，二是讓電動公車倍增取代柴油公車，三是增加餐飲業油煙管制家數，繼續往符合聯合國的空氣品質指標十五微克前進！

一場近午夜的爭執

林佳龍從他上任台中市長至今，提出超過八十六項的空汙減量措施，包括跨年不放煙火在內。

不管你喜不喜歡林佳龍，都必須承認他是歷任台中市長中，最積極對抗空汙的一位。

二〇一八年二月，台中PM2.5月均濃度下降，降至二十四．三微克／立方米，創八年來同期新低；去年的PM2.5年均濃度，已經降至二十．二微克／立方米。林佳龍說，空汙減量尚未成功，大家還要繼續努力。他相信，台中有一天，一定可以達到聯合國的空氣品質指標國家空品質十五微克／立方米。

台中為降低空汙所做的努力，不是只有說說而已，而是有許多科學的數據佐證。例如從二〇一五年十一月開始，就與台電協調制定台中火力發電廠的降載SOP，到二〇一八年二月底止，已成功協調中火在空品不良時降載一百三十六次，樹立台灣環保降載的典範。

不僅如此，環保署還掛保證，因為台中在二〇一六年第四季，和二〇一七年第一季，降載削減率達將近百分之八．七，榮獲秋冬空品不良季節「協調公私場所降載成果表現優異城市」的第一名。

在環保署舉行頒獎典禮前，林佳龍在自己的臉書上，po了這個台中得獎的消息。

結果，惡評如潮，幾乎是一面倒的罵聲隆隆！

因為科學數據，完全敵不過記憶中孩子的咳嗽聲。這樣的心理因素，掩蓋了眼睛和理智，看不見市府團隊為減少空汙所做的努力。一時之間，人們只覺得：

「這市長很奇怪，超級有事，台中的空氣哪有好？到底是在說嘴什麼？！」

當下，新聞局長卓冠廷在群組裡跟林佳龍說：「這不能自己po」、「民眾都在罵」。林佳龍回：「也有人誇獎我們，按讚。」

林佳龍的回話，讓卓冠廷直接在群組裡寫著：「這樣的說法，沒有溫度，沒有同理心，會被罵翻。」林佳龍隨即回：「不可以刪文。」還加碼說了句：「不要怕。」

「這不是怕不怕的問題，是發的時機對不對的問題。」光從字句，就知道卓冠廷有些上火。林佳龍卻絲毫沒有退讓的意思，秒回：「事實，就該讓民眾知道！」

兩人你一句我一句，寫來寫去，雙方都沒有找到平衡點。

已經快半夜十二點了，眼看po文下頭的留言串，網民越罵越酸，卓冠廷心急如焚：「一定被媒體拿去寫，到時我們之前的努力會化為灰燼。」

群組裡其他成員根本還來不及反應時，卓冠廷的訊息又跳出來：「你是市長，你的決定，我只能尊重……，儘管會被罵！」隨即補上一句：「我去顧慈庸了。」

那陣子，卓冠廷不啻是蠟燭兩頭燒，一邊是市政，一邊是老婆。

當卓冠廷在處理林佳龍的臉書po文被圍剿時，他的太太洪慈庸正在總統府廣場前，參與時代力量因不滿勞基法修法，而發起的絕食抗議。

那晚傳出警方要強制驅離「時力」，卓冠廷在群組上，邊力勸林佳龍收回po文，也同時關心總統府前的狀況，擔心太太的身體受不住。無奈兩邊都沒有什麼迴旋的空間，卓冠廷急得像熱鍋上的螞蟻。

林佳龍的太太廖婉如當晚就知道林佳龍和卓冠廷間的爭執，她知道這兩個人此刻都在氣頭上，無論說什麼都沒有用，因為他們各有自己的堅持，沒有誰對誰錯，只是所持的立場不同而已。

「慈庸還好嗎？」「要關心一下洪爸、洪媽那邊喔！」廖婉如當晚發了這樣的訊息給卓冠廷。對於自己老公和部屬間因公事而起的爭執，儘管隻字不提，但這就是慰問和安撫，一切盡在不言中！

隔天一早七點半，是五長（市長、三個副市長、祕書長）會議。

副市長林陵三才一坐下，馬上就說起他對空汙的觀察：「我們不要陷入泥巴戰，不然會掉進敵人的圈套，現在已經糾纏太久了……」

林陵三的話才告一段落，林佳龍馬上連珠炮似的接著說：

「我們得到第一名，被罵也是對的，第一名就是事實啊……」

「我們的聲量要定在前面，我們要先鞏固支持者。」

「我們一定要闖過去，如果怕受傷，那就無法擊敗對方。」

林佳龍一點也不懼戰，要戰就戰！這點在很多學者從政的人身上，根本看不到！該說他太自信？還是太高估民眾的理性？

「數字」跟「感受」根本是兩碼子事！感受無法建立在事實的邏輯架構上，這一點，林佳龍會不知道嗎？

會議上的林佳龍，嗞了嗞口水，接著說：「我們已經順著民意，去領導了……。但還是要做對的事，把事做對。」

「我去空汙遊行，還帶著七縣市的首長去跟中央講重視空汙……，這在政治上已經解壓了。」

「有人不理性，但無法掩蓋我們得獎的事實。」

眼看全場鴉雀無聲，林佳龍加碼說：「同仁處理我的臉書，我有時是有意見的，太過溫良恭儉讓！」

隔了兩天，有人跟林佳龍再度談起，他為何要一人獨排眾議，就是不撤「得獎文」的事。他沒有直接回應，卻說起了「林肯的內閣會議」，還手寫在便條紙上。

林肯有次在開內閣會議時，曾經有六位閣員聯手反對林肯的主張，林肯絲毫不以為意地說：「六票反對，一票贊成。以一票的見解，為會議決定。」

林肯究竟是獨裁？剛愎自用？還是符合民主政治的常態？

林肯是民選總統，他對人民負責。所有的內閣閣員都是林肯的部屬，負責提供意見給林肯，善盡職責參與討論，但不代表主持會議的領導本身，什麼都要聽

(右)台中市獲環保署頒發 1000 萬元的降載獎金。
(下)林佳龍出席空汙減量委員會議。

內閣閣員的。終究最後向人民負責的是林肯，而不是內閣，這是民主責任政治的展現。

「我做的決定我負責，絕對不會牽拖或怪罪。」這是林佳龍舉林肯內閣會議當例子的弦外之音。

那麼和林佳龍開槓的卓冠廷呢？

卓冠廷說，他不是不清楚林佳龍的個性，會直接開槓，是因為不想讓老闆受傷。

卓冠廷認為，林佳龍不是那種只把政策結果丟給他，就要他去辯護的老闆，而是讓他參與所有決策的擬定，這讓他歷練很多，也很好做事。

「他給我這麼大的舞台，我怎能不提醒他前方可能存在的危機？」卓冠廷斬釘截鐵地這麼說，然後就突然嘆了口氣，說起自己前陣子視網膜剝離，去醫院動手術，還住了幾天院的事。

「出院後，一場餐敘上，有長輩敬我酒，我很為難地拿起酒杯——」

「市長馬上站起來跟那位長輩說：『冠廷剛開完刀，不能喝酒，我幫他喝。』」

卓冠廷在講這事時，眼神寫著感動。他知道林佳龍很愛護他。

那以後還要跟他開槓嗎？卓冠廷笑著說：「一碼歸一碼，該講的還是要講！」

林佳龍選擇的政治，不是那種討好群眾的政治，而是有「先行」意味，和有「理想」想實踐的政治。他不和稀泥，相信「預測未來的最好方法，就是去創造」，這同樣是林肯的名言。

對於空汙，林佳龍有雙重關心：他不僅身為市長，還是兩個孩子的爸爸。林佳龍自己曾說過：「我和所有台中人一樣，一起在同一片天空下呼吸和生活。」因此要相信他，他會竭盡所能地去改善空品！

然而，在改善空品的過程中，有些要跟中央協調，有些要扭轉民眾積非成是的觀念。這當中有許多困難，因此當有些小小成績時，林佳龍也請大家要不吝於跟環保局同仁說聲：「辛苦了。」

會衝現場的他

開車走國道，或是坐高鐵南下時，你有時候會遠遠看到直衝天際的黑煙。黑煙先是僅覆蓋一小片天空，接著卻是瀰漫整個天際，讓開車的人猶如行在濃霧中，想看清楚前方，真的是件難事。

望向車窗外，整片稻田正被大火吞噬。

濃煙的來源，原來是露天燃燒的稻草，那特殊的氣味，讓人忍不住皺起眉頭。只見稻草的餘燼，灰灰黑黑的，隨風飄在空中，讓原本就被濃煙遮蔽的視線，更

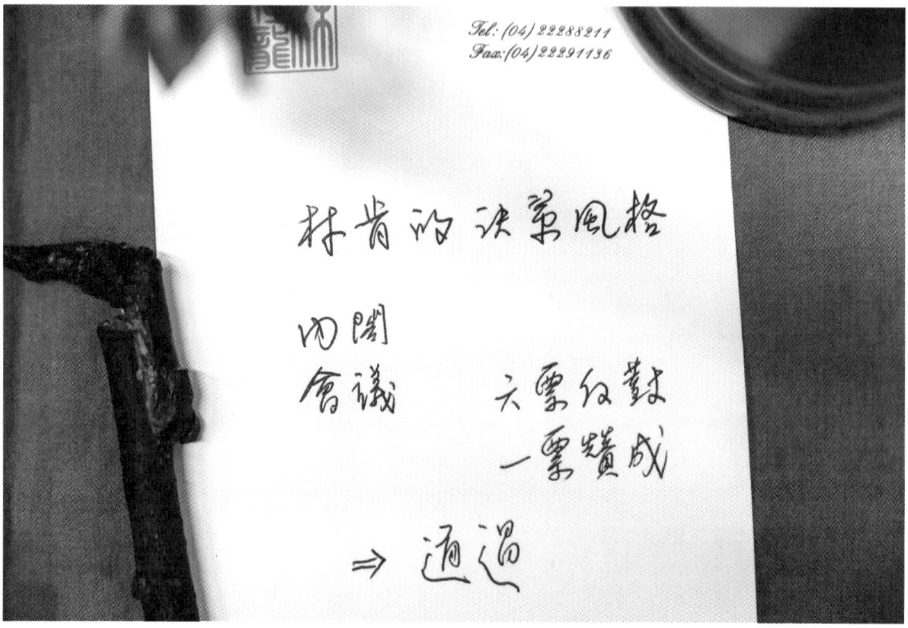

林佳龍在便條上寫下林肯採取「一票贊成」而非「六票反對」的決策故事，
強調為政者有時需力排眾議，「做對的事」，
但同時也要勇於對自己的決定負責。

加地模糊。

農民在稻田收割後，之所以會燃燒乾枯的稻草，一方面是覺得一把火燒了省事又方便，一方面以為燒完稻草後的灰燼可以改善土壤，讓土壤變肥沃。你問農民：『這是誰說的？』他們的答案千篇一律：『古早時代阿公說的。』」

稻草的灰燼真的有利改善土壤嗎？其實，燒稻草不僅無法改善土壤，還會造成空氣汙染，真是百害無一利。因此，說服農民「莫閣燒啊」，是件很重要的事！

白智榮說，有時去跟農民阿伯溝通，經常會被臭罵一頓。因為要他們改變從阿公那代就傳下來的做法，談何容易。改變習慣這種事，真的很難，但還是得去做。

「一次不行，那就兩次、三次……」林佳龍總是這麼叮嚀。

林佳龍不只是在會議上說說而已，更經常「主動」跑去火燒現場，幫環保局同仁直接跟農民溝通。

白智榮說，每次林佳龍去現場溝通時，農民總是又驚訝又感動。原本以為會被臭罵的情況也不致發生，事情突然間就變得很好談了。

林佳龍不是只跟農民溝通燒稻草的觀念問題，還跟農民談到要在外埔成立綠能生態教育園區，要推動再生資源，也要落實循環經濟，倡導與自然共生存。

外埔綠能生態園區，是由已經荒廢、閒置十年的外埔堆肥廠，活化轉型而成的。會荒廢，是因為早期採用傳統技術，在非密閉廠房內處理廚餘堆肥，運轉期間惡臭四溢，引來附近居民多次抗議，最後不得不關廠。十年來閒置的舊外埔堆肥廠就像是一座廢墟，給附近的鄰里帶來治安和環境問題。

白智榮說，他們引進全國首創的「廚餘厭氧發電」和「稻稈氣化發電」雙技術，把堆肥廠區轉型成綠能生態園區，二〇一八年年底完工，全量運轉後，每年將以密閉負壓的厭氧技術處理廚餘，數量可達五萬四千噸。回收再生後的廚餘，未來不僅處理過程不會再有惡臭，廚餘轉化過程中，還能產生生質能源用來發電。

不只是這樣，針對農民每年收割完最頭痛的稻草處理問題，他們也將採用「稻稈氣化發電」技術，氣化廢棄稻稈，每年可以處理約五萬噸，佔全台中四成的稻稈量。到時不但不用再露天燃燒稻草，擔心製造空汙，政府還將以每公斤一元的價格向農民購買廢棄的稻草，算起來每公頃每年多了五千元的收入。廠房處理量有餘裕時，還可以協助農民處理果樹的廢木，讓這些農業廢棄物都能再生循環成為綠色資源。

未來綠能生態園區所產生的電力，每年可達到三千三百七十七萬度，大概可提供九千六百多個家戶一年的用電。除部分出售給台電外，會有一定比例回饋給地方居民，整個園區的減碳量相當於種下八十七萬棵樹；綠能發電後剩下的沼渣、沼液及底灰，也會全部回收做成有機肥供農業及園藝使用，開創生活、生產及生態三贏的經濟效益，這顯然也是創新循環經濟的一環。

講到這些，白智榮眼睛突然變得很亮！

他說，他絕對要讓林佳龍跟農民說的「垃圾變黃金」成真，要讓大家看看什麼叫做環保、農民、經濟發展多贏的「外埔奇蹟」。

「讓台灣走向循環經濟的時代，把廢棄物轉換為再生資源。」這是蔡英文在總統就職演說時就提到的政策方向，台中在林佳龍的努力下，真的做到了！

外埔綠能生態園區，是由已荒廢十年的堆肥廠轉型而成，
現已可採稻稈氣化發電技術，再生循環發電。

Chapter2-2

以人為本的創新招商

宜居自有鳳來棲

築巢引鳳，是政府該做的事。

築巢就是做好基礎建設，引鳳就是吸引投資者來投資。政府應該把基礎建設做好，徹底解決道路、水電、通訊等問題，才有可能吸引投資者和人才來台。

除了硬體建設要完善外，一個城市也要「有體、有魂」，要營造屬於城市和人民的共同光榮感，這就要從城市本身的歷史和文化出發，進而找出讓人感動的元素。

早在二〇〇五年，林佳龍第一次競選台中市長時，他就希望把台中架構成一個「有體、有魂」的進步城市，讓市民願意在這裡落地生根，枝繁葉茂地庇蔭更多後代子孫。

二〇一七年七月，台中的人口數，根據內政部的統計，已經到達兩百七十七萬八千多人，躍升為台灣第二大城。從數據來看，台中這幾年平均每年成長兩萬人，大約一萬人是自然增長，另一萬人是外部移入。

外地人願意搬來台中，除了氣候好以外，絕對是因為台中越來越「宜居」，當然也和台中市府近幾年的政策和建設有關，包括托育、托老一條龍、青年希望工程、大台中山手線等等。

一一一一人力銀行網路民調也發現，願意留在家鄉工作的上班族中，以台中市民「留鄉」的比例最高。交叉分析後更發現，會願意留下來的，或是想搬來台中居住，最重要的原因有四：生活機能便利、居住環境佳、氣候宜人、工作機會多。

國際知名研究機構 GaWC（全球化與世界城市研究組織）公布二〇一六年世界城市的排名，台灣只有台北、台中、高雄進榜。而台中首度進榜就排名全國第二，顯示台中的城市競爭力蓬勃發展。

GaWC 是個由歐美學者自發組成的網路研究團體，透過六大「高級生產者服務業機構」，即銀行、保險、法律、諮詢管理、廣告、會計業，在世界各大城市中的分布作為指標，對世界城市進行分級，二至四年不定期公布，上一次公布是二〇一二年。

這項排名由高至低依序為一線城市 Alpha 級（下設四個副級別：Alpha++、Alpha+、Alpha 和 Alpha-）、二線城市 Beta 級（Beta+、Beta 和 Beta-）、三線城市 Gamma 級（Gamma+、Gamma 和 Gamma-），另有「高度自足」（High Sufficiency）和「自足」（sufficiency）兩級別。

GaWC 最新公布的世界級城市名冊顯示，全球共有三百六十一個城市入選，台灣有台北、台中、高雄入榜，台中則首度進榜。其中，世界一線城市有四十九個，二線城市有八十一個，三線城市有八十四個，高度自足級有五個，自足級有一百一十二個。

英國倫敦、美國紐約獲評為等級最高的 Aplha++，台北被評為 Alpha-，與美國舊金山、奧地利維也納、澳洲墨爾本等城市並列。台中 Gamma- 級與英國布里斯托、美國奧蘭多、紐西蘭威靈頓等城市並列。高雄為 High sufficiency，與美國沙加緬度、法國里耳等城市並列。

這幾年的台中很宜居，也有越來越多的「鳳」來棲，而講到鳳來棲，就不能不說說林佳龍出國招商的故事。

有本東西跟參考書一樣厚

「資料找了沒有?彙整了沒有?」每次林佳龍要出訪前，祕書處長李如芳就會這麼提醒同仁。

出訪要的資料，不外乎就是當地氣候、電壓、風土民情等等，怎需要大費周章地交代?對此，李如芳沒有多說什麼，只是繼續交代同仁:「跟曜志，經發局那邊，快點 Call 個出訪會前會」!

事情一來，各局處首長自己會先尋求共識，公務員接手處理，最後才走公文流程。台中市府不會用公文簽這裡，會那裡，來找共識，不然簽完一輪後，搞不好處理事情的時間點都過了，都還沒有定論。

「公文旅行」應該就是人們覺得公務機關「官僚、沒效率」的原因之一。

李如芳在進入公務部門前，是政論節目的製作人。當自己進入龐大的行政體系後，才知道大眾會覺得公務人員官僚，很多時候是因為居高位的人不做決定。當官的如此，又怎能怪下面的公務員?

「公務員很好用……」副祕書長李賢義說。

李賢義一輩子都在公務體系打滾，具有水利和工程的長才，歷任屏東縣、高雄縣及縣市合併後的大高雄水利局長，來到台中後，他扮演起各局處間的協調、溝通橋樑。

每個人都有本位主義，更何況是大到局處的這種單位？這時就需要有個真的了解公務員心態的人，來主持會議了。

「我們不是不做事，而是害怕做了，最後卻被賣了……」李賢義一語道出公務員心裡底層最怕的事。

李賢義和李如芳，都直接或間接地，點出很多公務員心中「不能說的祕密」。很多人一進入公務體系，就會按既有規定做事，或是被氛圍感染，而有了相同的氣息，卻還不自知。再加上一個單位待最久的往往是公務人員，因為民選首長和政務官來來去去，因此朝令夕改和推諉責任屢見不鮮。這種時候用「公文旅行」來「決定」事情，或許可以自保，卻是造成公務機關效率低落的原因之一。

「先安公務員的心，很多事情就會迎刃而解。」李賢義這麼說。

打個比方來說，市府要做一件事，是跨局處的，很急。李賢義不會只找相關局處的人與會，他還會找法制和政風人員，一起來開會：請甲說出他認為的困難點，要乙指出讓他疑惑的環節，然後李賢義說明為何要這麼做的理由，最後請與會的法制、政風人員，就需要達成的案件，分析大家會不會違法。

為什麼不能由與會的長官——也就是李賢義，說不會違法就好？

「我說，就變成交辦，官大學問大！找法制和政風與會，就是要安公務員的心，讓他們感受到尊重。當公務員知道這麼做沒有法律問題，也受到尊重後，就會全力以赴。公務員很好用，就看你會不會用而已！」

這是林佳龍指示的嗎？

李賢義笑著說：「我們以前不認識，市長就找我來做副祕，我就要把事做好。」

李如芳則是直接說，林佳龍從來沒有干涉他們如何工作的細節，主要因為沒有這樣做的話，就等於要用公文去找結論，這麼一來不但多了公文旅行的時間，事情還很容易做不成或胎死腹中，到時林佳龍就會一臉寒氣地問：「你們在幹什麼？」李如芳笑著說：「沒人喜歡看老闆生氣吧！」

那麼，李如芳和呂曜志，到底是要討論出訪的什麼事？

李如芳說林佳龍出訪，不是單純地只去締結姊妹市，而是要去招商，並帶台中在地的企業和大學院校校長出國拓展業務，推廣合作。因此，出訪國的產業狀況，和台中市的產業有什麼鏈結？發展前景又是什麼？這些都要先做好功課，大家有共識後，才能跟林佳龍報告，不然不就等著被白眼?!

因此，林佳龍每次的出訪行程資料，都厚厚的一本，很像學生用的參考書的大小和厚度。

當地天氣，匯率、風土民情，只是小菜一碟，重頭主菜是參訪當地企業的概況、營運分析、未來展望、和台中產業可能的合作和互補關係，還有要拜訪對象的所有簡歷和照片、甚至QA，就像本武功祕笈一樣。

「一開始跟我們出國參訪的企業，在還沒看到內容時，會嫌厚。」李如芳邊說邊用手比著參考資料的厚度，「好像連壓泡麵都太厚」，可是他們回來後會來要「電子檔」。

每次有同仁說某某企業來要出訪資料的電子檔時，李如芳就覺得既驕傲又開心。

招商，有人踩空摔倒

林佳龍的心很細，是個細節控。

二〇一六年三月，林佳龍任內第一次出訪日本，是到名古屋。那次除了有企業家，還有彰化縣長魏明谷、南投縣長林明溱。

「他沿路唸……」李如芳這麼說。

「我們一次就學乖了……」呂曜志這麼說。

回想那次的可怕經驗，李如芳說林佳龍覺得「我們太以他為中心」，忽略了客人（企業和其他兩位縣市長），這樣很沒禮貌，更是讓他得罪人。

呂曜志之所以一次就學乖了，是因為林佳龍教他：「人不要分大小」，禮物不能只送對方的老闆，幫我們做導覽的人也要有禮物。「每一個接待我們的人，都要有禮物，人不可以分大小。」而且送的禮物，也不能全部都一樣，必須注意到收禮人的喜好，然後從這些喜好，去找出具有台中意象的東西來當禮品。送禮的人有心，收禮的人開心，才是雙贏的送禮哲學。

去名古屋出訪那次，他們一行人還要搭新幹線去東京三井總公司簽備忘錄，因為對方要來台中海線開 Outlet。

在車站的小餐館裡，他們簡單吃著咖哩飯果腹。

席間，林佳龍跟隨行的同仁和記者們說：「我們都準備好了，三井 Outlet 一動工，就是大船入港，再加上麗寶的樂園，還有大安、高美的景點，串成了一個大珍珠，海線就有翻轉機會了。」

同行記者說：「你知道嗎？他講到眼睛發亮，好像我們馬上要發了啦！」這名記者的語氣有著興奮，不過，也隨即說當時自己心裡的小劇場是：「吼……我跟你出來，累到翻，快爆肝，沒吃上一頓好吃的，還發發發！」

抵達東京的飯店後，李如芳在下車時一腳踩空，人跌了下來。

大家驚呼一聲，走在前頭的林佳龍回過頭，看到李如芳正掙扎著想攀扶著車門站起來，他急忙問道：「還好嗎？」

李如芳紅著臉說：「還好，高跟鞋摔了一下！」

結果，林佳龍隔天一早看到李如芳，問的竟然是：「妳高跟鞋還好嗎？」

李如芳又好氣又好笑地說：「我真的很想問他，高跟鞋是會痛的嗎？」

這是典型的「林氏關心法」。

同行的呂曜志則是開玩笑地說：「不能討拍啦，不然會很失望，哈哈……」

而李如芳到底是為什麼會踩空？

「就不小心啊……行程多到恍神，可能真是太累了，才會不小心踩空。」問了幾次，李如芳才說出自己為何會踩空的原因。

跟在林佳龍身邊的人都知道，跟他出訪不是去玩的，而是要去招商的，這就像打仗一樣，一定要有成果回來。因為「每次都有設定明確的目標」，也都緊扣台中的城市發展。例如，去法國就是以航太為主（漢翔就在台中），去德國則是瞄準智慧製造（中央將台中設定為智慧機械之都）。由於每回的目標都非常明確，因此不管再怎麼累，都要去拚，不然行前所做的各種產官學間各項資源整合，就全都白費了。

「他都沒喊累了，我們自己當然就要皮繃緊。」呂曜志和李如芳都這麼說。

有隨行的記者說，他們在回台灣的飛機上，看到剛上完廁所的呂曜志，才一開門，就看林佳龍也在排隊等著上廁所。結果，林佳龍竟然跟呂曜志說等他一下。

林佳龍上完廁所，就拉著呂曜志在廁所外的小空間，站著聊了二十幾分鐘，話題全是這回的招商。

「我拿出手機來錄音！」因應林佳龍的即時開講，呂曜志慶幸現在的手機很進步，都有錄音功能，不然一定會聽漏。而林佳龍不是只在飛機上講，轉機時的空檔他也講，真是一刻也閒不下來，或者該說，他一刻也不想浪費。

呂曜志幾乎每隔幾天就會整理一次手機裡的錄音檔，有天突然發現，錄音檔竟然全都是林佳龍的聲音時，他自己啞然失笑，因為遇到一個無比認真、無比有幹勁的老闆！

幸好上緊發條，全力衝刺的成績很亮眼，因為真的有不少「鳳」，來台中築巢。

日本方面，除了三井不動產選擇台中投資台灣第一個臨港大型 outlet park 之外，世界四大機器人製造商之一的安川電機，也已決定進駐中科。還有三菱電機將來台中設置完整的 E-Factory 示範產線，在日本擁有八十六年歷史的航太表面處理大廠加治金屬，也計畫將關鍵技術移轉中部主力業者，促成台日航太產業進一步合作。

走出亞洲，包括美國微軟與洛克威爾，法國達梭與 Sigfox，德國西門子與ＳＡＰ，荷蘭飛利浦等，均投入相當的技術、設備與人員進駐台中，其中西門子史打算斥資新台幣一億元，設置在亞洲第一個擁有高階研發功能的據點。而全球半導體巨擘美光在中科設廠過程中面臨的種種難題，更靠林佳龍帶著市府團隊親自拜訪公司總裁一一化解，展現台中市招商的決心。

不只國際招商，台中也積極對國內企業招手，釋出各種利多。目前台積電、大立光、麗寶、國泰永聯物流共和國等都要在台中增資擴廠，這勢必擴大在地就業市場，進一步創造商機。

大肚山腳下的傳奇

台灣位處亞熱帶，夏秋兩季容易有颱風。

颱風季節的每一場雨，都是每個縣市首長的夢魘，因為只要雨下多了些，就會成災，那是很沉重的壓力。

二〇一六年九月二十二日到二十九日，林佳龍帶團到荷蘭和德國招商，行程走到快一半時，梅姬颱風逼近台灣。當下，林佳龍決定先行返國坐鎮，接續的行程由李如芳和呂曜志跑完。

「從歐洲回到台灣，颱風應該就走了。」有隨行的記者覺得林佳龍不用那麼累，不需要趕回台灣。

但是，林佳龍堅持，就怕有個「萬一」，讓台中人覺得市長不在，自己是個

在林佳龍身邊的人都知道，跟他出訪不是去玩的，而是要去招商的，這就像打仗一樣，一定要有成果回來。因為「每次都有設定明確的目標」，也都緊扣台中的城市發展。圖為法國的航太大廠達梭，目前也已進駐台中。

沒人保護的棄民，那就不好了。

當林佳龍到泰國轉機時，卻因為桃園機場關閉，只好在泰國留宿一晚。那天他只能靠著電話，和正在應變中心的同仁們視訊連線。這是颱風政治學，也是對自己治理的城市有著疼惜心。有事他一定在，不會找不到人，永遠看得見！

讓人「找得到，看得見」，其實是林佳龍以前在選立委時的競選標語。他說這是他對選民的承諾，就算現在已經是市長，依舊如此，需要兌現。不過，這個「找得到，看得見」，有時卻讓部屬們很心疼！

「他才剛下飛機，就來跟我們開會……」地政局長張治祥說，林佳龍就一臉疲憊地坐在那裡，想也知道有時差，但他就是坐在那裡主持會議。張治祥有好幾次都很衝動地想跟林佳龍說：「先回家休息一下」、「身體要顧」。

林佳龍會一下飛機就急著進辦公室，很大因素是，回來的時候不但是上班日，更是上班時間，自己是首長，當然就得以身作則，不然怎麼帶人？再加上招商帶回的進展，需要進一步的配套和落實，不然經濟要如何創新？經濟要是沒搞好，政治就一定動盪，政治和經濟永遠是互相連動的，不太可能僅有單一面向。

要出國招商，自己在地的產業就要不斷升級和創新，否則如何說服外資來投資？

台灣的智慧機械、光電和航太產業是全世界有名的，這些公司不是在中科，就是在中科附近。

中科、台中工業區和台中精密機械園區，雖然分屬科技部、經濟部和台中市政府，但從望高寮的至高點下，四眼望去，許多科技大廠與世界級隱形冠軍就在大肚山的山腳下，形成一串大肚山的科技廊帶。讓整個大肚山縱谷，大約六十公里，遍地黃金，成了「黃金縱谷」，造就了「大肚山傳奇」。因為大肚山腳下的「機、光、電」產業，多年來一直彼此整合，不斷創新，打破產業藩籬，卻又緊緊相依。

這樣的產業鏈，是全球化和在地化完美結合的典範，這樣的競爭力在世界上獨一無二。然而，這個獨一無二的優勢，如果沒有不斷地創新，很快就會成為泡沫，機會稍縱即逝，是不等人的。

林佳龍認為，以城市作為主體來跟國際鏈結，進而打造區域創新及經濟成長的時代遲早要來臨，如何讓這些在地的產業領導人們，有前瞻的視野和願意連結共好的基礎非常重要，「大肚山產業創新菁英班」，就在這樣的思維下誕生了。

所謂的「大肚山產業創新菁英班」，是透過市府所屬的工商發展投資策進會成立的培訓課程，就是把六十公里黃金縱谷裡這些產業老闆們，和政府官員，以及相關學者專家們，聚在一起，交流在這快速變化的全球趨勢裡，要如何創新，政府又該提供什麼樣的服務來促進創新，而非僅止於忙著訂定產業政策，讓產官學研能有充分的互動、溝通跟合作。因為「公私合夥」一起邁向創新和成功，已經是個新趨勢。

當政府和企業是夥伴關係，這樣的交流就會是跨領域的——除了跨越行業別，更跨越公私部門之間的歧見。林佳龍相信，彼此間可以激盪出不一樣的創新動能，一起學習、成長，形成一種別人拿不走、搶不走的「在地」創新網絡。

站在大肚山上，可以看到彰化、南投和苗栗。

中部聯合治理，已經是趨勢，如何和鄰近的城市「共好」，始終在林佳龍的腦海中！

未來除了將持續完備投資台中環境及改善相關資訊平台，同時發展中部區域國際「聯合」招商模式。因為台中位於台灣的中部，除了可以連結台灣，也能連結全世界，對於這一點，林佳龍很堅持也很自信。

文藝復興在台中

林佳龍的辦公桌右側，總是擺著一本書，而且書頁總是打開的，上頭還貼著不少便條紙，一看就知道這本書經常翻閱。

到底是什麼書，會讓林佳龍這麼常翻閱？

人物傳記？政治理論？政府管理？結果都不是，這本書叫做《台中繪葉書》，書名旁的小標是：「日治時期影像與遊記」。

繪葉書（エハガキ）其實是日文，意思是風景明信片。日本人有個習慣，那就是去各地旅遊時，會在景點或是郵局、火車站等地買繪葉書（風景明信片），然後加蓋紀念戳，寄回家鄉，跟親朋好友報平安。

而《台中繪葉書》，顧名思義就是：日治時期以台中為主角的風景明信片。

從台灣發展的軌跡來看，台中是開發得比較晚的城市，日治時期才開始依台中現在的舊城區發展都市計畫、整治河流、設計棋盤狀的道路、現代化的供水系統等等，讓台中逐漸成為一個新興都市。當時的日本人還說台中是「台灣的小京都」。

時間回到一九〇五年。

外部形勢，日俄戰爭，日本獲得勝利；內部形勢，日本治台第十年，各項建設逐漸完工，新開發的台中也開始有了規模。在此內外形勢影響下，在台的日本人開始搶購繪葉書，讓台灣的風景明信片開始流行，除了分享遊記、報平安外，更有宣揚國威的味道，畢竟當時台灣是日本的海外屬地，南進的基地。

台灣最早的風景明信片，就是台灣總督府出版的官製繪葉書，採凸板印刷；之後還請名家手繪風景畫，印成《始政紀念繪葉書》，這些都很搶手，因而帶動民間也做繪葉書生意的熱潮。

《台中繪葉書》就收錄著一張張日治時期原尺寸大小的風景明信片，一面是當時台中的庶民街景、景點，一面是寄信人的心情，有問候家人、報平安，也有對遊歷景致的描繪，這些都在或狂放或娟秀的斑斑字跡中，表露無遺。

七十年前，日本遊客筆下的台中是這樣的：

「街區寬敞如棋盤的道路，枝葉茂盛的街路樹，道路兩側外漂亮綠地，安靜的人行道，好像走在京都的街上……，而柳川與綠川貫流市區，河畔的柳絲垂至地面，宛如京都的鴨川堤。」

這樣的繪葉書，有著台中的發展軌跡，不管是在建設，或是文化上。

「原來台中以前是這樣的……」林佳龍第一次看到日治時期的繪葉書時，是既激動又興奮。

從繪葉書上的介紹文字，可以看出當時日本政府的政治宣傳；從日本旅人在繪葉書背後書寫的文字，可以看出當時的社會局勢。因為他們不是只描寫風土民情，有的還會寫上對於時事的觀察，這些在只單純研究歷史的書中是看不到的。因此，當文化局長王志誠提出要把繪葉書收集成冊時，林佳龍是馬上贊成。

繪葉書的原收藏者是張良澤，他是真理大學台灣文學館榮譽館長。

張良澤是在一次日本旅遊時，在舊書攤發現日治時期的台中繪葉書，驚為天書，因而興起蒐集的念頭。如今集結成冊，讓人得以一窺專屬於台中歷史風華和文化底蘊。

為了喚起台中人的歷史光榮感，林佳龍從發展台中的「文藝復興」開始。

這是一項吃力不討好的工作，因為這不會馬上帶來經濟效益，《台中繪業書》只是台中文藝復興的序曲，林佳龍接著還出版「台中學」的套書，目前已經有十本，今年還會再出版六本。《日月湖心：台中公園的今昔》、《追尋時代：領航者林獻堂》、《圳水漫漫：葫蘆墩圳探源》、《海線散步：清水人文地誌學》、《團圓食光：世界珍奶與台中茶飲》、《驛動軌跡：台中火車站的古往今來》、《巾街之味：台中第二市場的百年風味》、《書店滄桑：中央書店的興衰與風華》、《劇場演義：演藝娛樂現代化的天外天劇場》、《踢躂膠彩：台灣膠彩畫之父林之助》，除了現有的這十個主題外，接下來大安溪原住民部落群、東勢客家大茅埔，還有八仙山林場、后里馬場、霧峰，以及清水知名仕紳楊肇嘉先生的故事，也將是今年「台中學」套書登場的主角。

這十本書，封面設計精美，書腰、書封也頗具質感，全套書的編寫從「故事」出發，從每一代台中人的記憶書寫，易讀卻不失高尚，就是要人重新認識台中。

林佳龍篤信「一個偉大的城市，要有靈魂」，他試著透過「人智學」的角度，把台中當成一個「人」，去了解台中的身、心、靈，從文化的點點滴滴、建設的過往今昔，理解到台中的特殊性，更進而探索到台中現在和未來需要什麼，讓大家可以一起來參與台中的城市發展。

「清光緒十一年台灣建省之際，當時台灣巡撫劉銘傳決定以此地為台灣政治的中心地而建省城。築城剛著手，劉銘傳就失勢，同時省城被移至台北，半途而止的築城終於荒廢了。因此，我國領台當初戶數僅二百九十六戶，人口僅一千四百五十人，而城廓僅有土牆而已。故領台計畫以台中為中部大都市……」

這些文字是當時台灣總督府情報部，報回去給天皇的電報，全都收錄在《台中繪葉書》裡。

原來，台中早在清朝統治時期就一度被定為政治中心，在日治時期更被規劃成大城，一磚一瓦、一圳一橋，都有著大城的規模。這些都讓林佳龍深深知道，台中要建設成為「大台中」的時代已經來臨，一切已經做好準備，身為台中人，要更了解台中人的意義。

有見於《台中繪葉書》和「台中學」系列套書的陸續出版，文化局長王志誠說：「林佳龍真的很用心的在幫台中，奠立下一個百年的基礎。」

王志誠這名字，很多人應該很陌生，但如果提到詩人路寒袖，知道的人可就多了。

路寒袖是王志誠的筆名，在進入公務系統後，開始用本名行走服務。

有決策權力的人重視經濟和交通，一點也不讓人訝異，但對於歷史和人文的推動，也願意費心盡力，喚起台中人的光榮感，並融入教育讓孩子從小就認識自己生長的土地，而且是不偏不頗地忠實呈現，王志誠說這樣的政治人物已不多見了。

台中文藝復興的號角，已經響起。

《台中繪葉書》及台中學套書書影

Chapter2-3

軌道帶來的希望

再講，我就把你換掉

二〇一八年一月十六日，高鐵烏日站，旅客在月台上議論紛紛。大家談論的焦點，就是那輛由綠色、白色、黑色組成的電聯車。忽然一陣歡呼聲，電聯車已經急駛進站了。

這天是中捷綠線「首度試車」，電聯車一路從北屯機廠（GO站）行駛到終點烏日高鐵站（G17站），過程順利，寫下新的里程碑。更重要的是，這台測試車，不是進口的，而是完全由台灣製造生產。

等啊等，盼阿盼，這捷運，台中人整整盼了二十年。

如今，中捷綠線已經正式試車，預定二〇一八年底試運轉，二〇二〇年全線通車。

中捷、高鐵、台鐵未來將在新烏日站邁入三鐵共構的時代。

試車圓滿成功，交通局長王義川在第一時間，就跟林佳龍報告！

不過，試車前一晚，他們兩人卻心情複雜，甚至徹夜難眠。

怎麼回事？

這得從二〇一五年四月十日，傍晚五點四分說起。

傍晚正值下班時間，台中北屯區北屯路和文心口（台中捷運綠線，G4到G5站，經過此路段），車來人往，跟往常一樣忙碌擁擠。

突然間，一根重達二百零九噸的鋼樑突然掉落，造成底下的一部車輛被壓毀，一人死亡，三人受傷。

事發當時，林佳龍和王義川都不在台中，他們正在韓國招商考察，這是林佳龍就任台中市長後，第一次率團出國訪問，哪知會發生如此重大的工安意外。

「那時我和呂曜志、卓冠廷在一起，市長去趕另一個行程。」儘管事情已經過了兩年多，王義川回憶起事件發生的當下，還是記憶鮮明，所有細節都記得清清楚楚。

林佳龍結束拜會韓國國會議員的行程後回到車上，因為洽談順利，他看起來滿心歡喜，還問大家：「走，去吃飯，你們想吃什麼？」

該來的還是要來，王義川鼓起勇氣跟林佳龍說：「報告市長，這個……捷運……有一根鋼樑掉下來。」

「蛤，怎麼會這樣？那還會繼續掉嗎？」林佳龍臉上的神情有點嚴峻。

「喔，應該不會，目前就……嗯……掉一根。」王義川有點結結巴巴起來。

「那要趕快做危機管理，還要做損害控管。」

「可可……可是……那鋼樑下面有……有……民眾……」

王義川說，當林佳龍一聽到「鋼樑下面有民眾」時，臉上的神情瞬時變成鐵青，說有多可怕就有多可怕，他二話不說，馬上掏出護照，要司機直接衝去機場，他要用最快的速度趕回台灣。

在去機場的路上，林佳龍很忙碌。

他一直透過國際電話，指示除了要用安全、有效的方法，立即完成救援任務外，同時也要給受傷民眾與家屬最佳的協助和慰問。

事件發生當下，副市長林陵三立即全盤掌握狀況，並且即刻指揮搶救作業，整合現場各種應變措施，另兩位副市長張光瑤、潘文忠（前教育部長），隨即趕赴中國醫藥學院附設醫院，和潭子慈濟醫院，慰問受傷民眾和家屬。

候機的時間，度「秒」如年，因為林佳龍的心情就像熱鍋上的螞蟻一樣。

看著市府群組裡不斷傳來的訊息，他恨不得自己長了翅膀，可以直飛台中。

那天，飛回台灣，最快的航班是虎航。那是三個座位連在一起的位子，林佳龍坐在靠窗處，卓冠廷在中間，王義川靠走道處。

林佳龍一直把頭望向窗外，陷入沉思。

好不容易逮到一個空檔，王義川趕緊跟卓冠廷咬耳朵，說悄悄話。

「我想要跟市長請辭，你先幫我說一下！」王義川說請辭這事，在他剛接到鋼樑掉下來的消息時，就做好準備了。

「你自己說。」卓冠廷想也沒想就這麼回王義川。

王義川隨即深深地吸口氣，跟林佳龍說他的想法。

「待會一下飛機，我們肯定就會被媒體堵，市長，我建議你就說……交通局長已經請辭！」

「現在是善後的關鍵時刻，要優先處理危機，辭職的事你別再提了！你再說，我就把你換掉！」話沒說完，林佳龍就直接打斷王義川的話。

「你再說，我就把你換掉！」重述林佳龍這句話時的王義川，神情有種說不出的複雜，那是一種混合著感動和擔心的神情。

王義川會擔心，是因為他在成為交通學者前，在立法院當過助理，是政治幕僚！

從政治攻防的角度看，就算台中捷運綠線的監造和設計，不是台中交通局，而是台北捷運局，但是事故既然發生在台中，要跟人民展現負責的決心，最好的方式就是他這個做為交通局長的人下台，終究人命關天。更何況自己的仕途和市民的家庭破碎比起來，一點都不算什麼，而且自己的請辭下台，能讓「民怒」有宣洩的出口，因而有空間可以理性討論鋼樑為什麼會掉的原因。

王義川會感動，是因為這樣的政治處理，長官林佳龍不是不懂，但是他不願意，這讓王義川清楚知道林佳龍不是個會「斷尾求生」的長官。

一下飛機，林佳龍一行三人，馬上趕往台中殯儀館。

儘管市府團隊早就在第一時間，就已經協助家屬處理所有事宜，林佳龍在大半夜下飛機後，還是直奔死者靈前上香，這是對死者的尊重，也是給家屬慰藉。

出殯儀館時，已經凌晨四點多了，林佳龍當下只說了句「八點開會」。

那個會議，林佳龍清楚明白的指示，要用最快的速度，和其他單位像是台北捷運局、包商、工程學者，共同找出鋼樑會掉的原因，唯有正視問題，面對問題，迅速處理，讓往後的工安零風險，才對得起死傷的市民。

這是做事的態度，但是政治上的風暴要怎麼化解？會中有人建議「先讓交通局長下台，展現負責的態度」。

王義川說當下他有抬頭瞄一下林佳龍，只見他面無表情，一臉嚴肅的看著資料。

會議一結束，王義川跟上來又跟林佳龍提辭職的事，「我下台是最快的止血方法」，林佳龍頭也沒回、很不高興的又說：「別提了，你再說，我就把你換掉！」

就林佳龍的立場而言，那時讓王義川下台的確可以減壓，但是這並無法改善台中市捷運由台北市捷運局興建所導致的公安介面問題，這才是真正需要解決的。

「咻……咻……咻……」試車的聲音把王義川的思緒重新拉回現實。他看著行控中心的電腦，當螢幕顯示試車狀況一切完美時，他真的有恍如隔世的感覺！

台灣最美的珍珠項鍊

台灣藍綠政黨壁壘分明，彼此鄰近卻分屬不同政黨的縣市首長，有可能一起合作嗎？

台中和彰化是民進黨的執政縣市，南投和苗栗則是國民黨的執政縣市！因為深深知道「團結力量大」的道理，因此林佳龍才一上任台中市長，就主動打電話給彰化的魏明谷、南投的林明溱，問他們要不要一起來籌組「中台灣區域治理平台」，不管是魏明谷還是林明溱，都異口同聲說好。

「跟林明溱不同黨誒，林佳龍是頭殼壞掉嗎？」那時很多人都這麼說。

但是，林佳龍不以為意，他認為中彰投都同在一個生活圈內，多少生活物資，多少家庭的生計，都互相牽連著，他期待大家可以共生、共榮、共好。

就像那珍珠一樣，單獨一顆也許夠美，但當它一顆接著一顆串成珍珠項鍊時，那無懈可擊的璀璨，更令人讚佩。

中台灣，就是台灣的珍珠項鍊，一條最閃亮、最耀人的珍珠項鍊。

就這樣，中台灣區域治理平台開始運作，每兩個月縣市長首長開會、聚餐一次，每個月局處首長交流開會一次。

而這個中台灣治理平台，不僅跨區、跨黨派，沒局限在台灣，還飛向國際。為創造更多國際觀光交流的機會，中彰投三縣市首長，還一起合作出國考察，他們去日本名古屋共同提出「中進中出」的概念。所謂的「中進中出」，就是日本名古屋直航對飛台中清泉岡，旅客到台中歌劇院看表演，到彰化鹿港了解人文歷史，到日月潭看好山好水，中台灣美麗風景將可一覽無遺。

中彰投三首長在連袂出訪前，林佳龍突然接到一通電話。

「苗栗也想要加入治理平台。」打來的是苗栗縣長徐耀昌。

「歡迎啊，要不要作夥去日本宣傳？」林佳龍很歡迎徐耀昌的加入。

日本行，徐耀昌最後因故沒去成，但從此「中台灣區域治理平台」就多了一個成員。由原本的台中林佳龍、南投林明溱、彰化魏明谷，現在又加了苗栗的徐耀昌。

而這個區域治理平台，提出的合作議案包羅萬象，從觀光、經濟、環保、交通等等，只要能夠互惠 、互利的，他們都在會議中提出來討論，尋求合作的機會。

「來，龍哥你先講……」記者會正要開始時，魏明谷這麼說。

「你是主人，你先……」林佳龍直截了當地回絕，因為這天的會議場所在彰化，就算台中的資源最多，也不該搶了主人的風頭。

除了魏明谷叫林佳龍「龍哥」外，其他兩位，林明溱和徐耀昌，有時也會在公開場合叫林佳龍「龍哥」。

論年紀，林佳龍在治理平台中，絕對不是年齡最大的那一個，那其他人怎麼會叫他「龍哥」？除了基於林佳龍是發起人外，徐耀昌說那是因為林佳龍肯分享，願意扶人一把，的確是有做大哥的風範。

那天的中部區域治理平台會議後，徐耀昌因為有行程，必須趕著先走，但之後的媒體採訪，他其實有話想說。因為捷運綠線已經確定會延伸到彰化，因此捷運藍線，南投也希望可以延伸過來。彰化、南投都提出訴求了，這讓徐耀昌也趕緊想要說出苗栗的需求，偏偏媒體此時又把鎂光燈定在林佳龍身上，這讓他在一旁乾著急，欲言又止。

「好好……等一下……你們讓徐縣長先說，他有行程要趕！」

聽到林佳龍這樣說，徐耀昌以充滿感激的眼神回首看著他，並用力地對著他點點頭，那句「謝謝」雖然沒說出口，但一切盡在不言中。

有記者跟林佳龍提起徐耀昌這個片段小插曲，林佳龍說：「這沒什麼啦！」

「大家互相啊！」

就是這個「大家互相」的想法，讓中、彰、投、苗，這個跨黨派、跨區域的結合，可以齊心一起為地方做事，去跟中央要資源，更能一起走向其他國家，拓展中台灣的國際能見度。

提到跟中央要資源，就不能不說到捷運綠線延伸到彰化這件事。

當前瞻基礎建設計畫，開始在社會上被討論時，有不少論點都說「軌道建設」一點用處都沒有，因為出了台北市，要運量沒運量，要營收沒營收，總之就是賠錢貨，到時車站會變成蚊子車站。

當時，中彰投苗區域治理平台，就在林佳龍先高分貝喊話下，魏明谷、林明溱、徐耀昌三人分進合擊，接續進攻力道，跟中央，跟媒體，跟反對者，訴說為什麼他們需要「軌道建設」。

運量當然是蓋軌道該考量的，但絕不能是單一因素。只先考慮運量就是局限地區未來的發展，忽略開創性和未來性，扼殺了區域均衡發展的可能。

經過大家攜手一而再、再而三地主動出擊，中央終於同意捷運綠線，跨過大肚溪延伸到彰化。

因為捷運綠線延伸到彰化部分，除了可以節省乘客旅行時間、行車成本與降低肇事率外，還能減少二氧化碳的排放量，減少空汙。

捷運綠線原長十六．七一公里，沿線高架軌道高十多公尺，約一般建築四五層樓高，除頭、尾兩站為平面車站外，其他十六個車站均為高架車站，這樣的設計，除了舒適便捷外，還能看沿途的風景。

延伸到彰化的部分，目前有五．三三公里，建設經費一百二十九．八二億元，未來從高鐵台中站，到彰化市區只要九分鐘，不管你是要每天通勤往來台中、彰化，還是要觀光，都會方便許多。而中捷綠線延伸到彰化的部分，更可作為未來後續延伸至和美、鹿港的基礎。

山和海相戀的幸福滋味

行政院核定的前瞻軌道基礎建設計畫中，除了把捷運綠線延伸到彰化外，還把大台中山手線、捷運藍線、捷運綠線延伸彰化等案，也都納入了。

這是林佳龍以中部區域治理為整體考量所提出的中台灣整體軌道規劃，不僅有遠見，而且是可行的。

所謂「大台中山手線」，許多中部居民一定早就聽過，而且至少聽了十年。

可是林佳龍當台中市長，不過才兩三年的光景，怎麼會是十年前就聽過「大台中山手線」？

「沒人比他更堅持了。」工策會總幹事蔡世寅這樣表示。他還說：「大台中山手線，是林佳龍築夢十年，才讓它成真的啦。一開始我們還以為是白日夢咧，哈哈！」這當中的甘苦，也只有「堅持」兩個字，才能恰如其分地表達。

二〇〇五年，林佳龍第一次到台中來選市長時，他就喊出大台中山手線，當時地方上的第一個反應是：「真是肖仔！」「台北來的憨人啦！」因為要選台中市長的林佳龍，竟然要把火車開到舊台中縣去。

「林佳龍選錯地方了，他應該去選台中縣長啦！」當時的胡志強陣營就曾經這樣取笑他。

「火車開去台中縣，想起來怪怪的⋯⋯。算了啦，我是選人啦，他敢來，我就支持！」蔡世寅說當時的胡志強聲勢如日中天，民進黨根本沒人想來台中競爭，林佳龍敢來，光是這點，他就佩服。

蔡世寅在擔任工策會總幹事前，是台中市府民政局長，在這之前是個白手起家的企業家。

回憶起第一次聽林佳龍講「山手線」的情景，蔡世寅說：「我都不好意思笑他、吐他槽。」因為怕他落跑，說不選了，這樣就真的很「漏氣」了。

「那時候我根本聽不懂他在講什麼。」

「我感覺他知道我聽不懂，所以見到我就講，一直講不停，當時真給他煩死。」

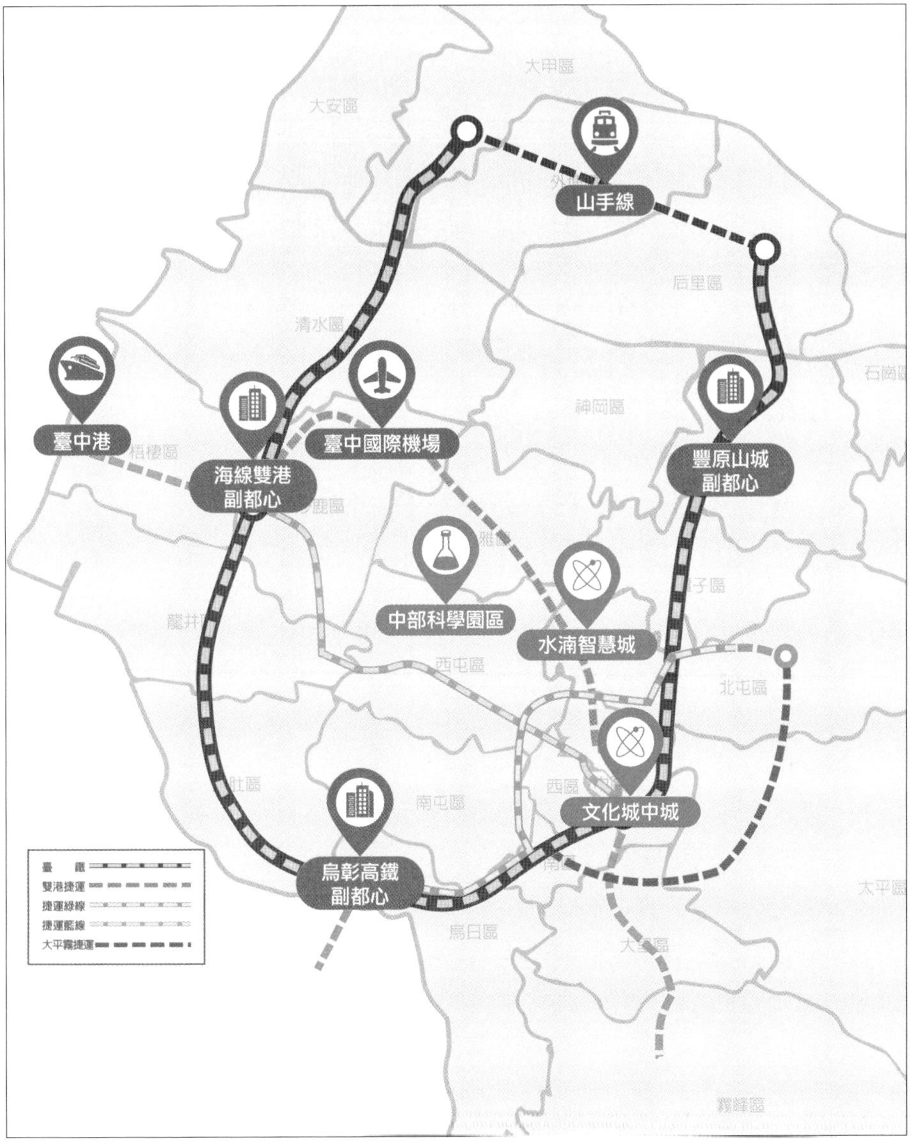

2005 年，林佳龍第一次選台中市長時，就喊出了大台中山手線，當時地方上的反應是：「真是肖仔！」十幾年後的今天，大台中環狀鐵路系統指日可待，繁華「山手線」已不再是夢！

蔡世寅連珠砲似地說著，形容這些往事，看似戲謔的語氣，卻是在訴說著他對林佳龍的佩服。

那場選舉，沒有意外地，林佳龍輸了，而且是輸到脫褲子。

「當時我想，選輸了，他應該就會離開，空降部隊不都是如此嗎？」蔡世寅說。

想不到林佳龍不但沒走，反而留下來繼續深耕。三不五時，只要一有機會就又開講「山手線」。

「他又一直講，一直講，講不停……講到二〇一〇年時，台中縣市合併升格成大台中，我才開始覺得，對齁，他講的真是很有遠見的咧……」

「先行者的道路總是孤寂的」，但林佳龍跟很多先行者比起來，其實很幸運，因為沒花太久的時間，大家就能認同他的理念。

如今，大台中軌道網絡指日可待，繁華「山手線」不再是夢！

山手線由成功到追分的雙軌工程（下環微笑線）經費由中央負擔；前瞻計畫核定的大甲到后里新建鐵路（上環彩虹線）、追分到大甲的海線鐵路雙軌高架化、大慶至烏日的山線鐵路高架化，形成台中完整的環狀鐵路，除可帶動台中多核心都市發展、縫合鐵路兩側都市土地外，也可望提升海線鐵路軌道容量，節省旅行時間，創造約一千七百億元經濟效益。

中捷藍線方面，路線規劃西起台中港，行經台灣大道至台中大車站干城轉運中心，串聯台中火車站、沙鹿火車站、捷運綠線市政府站、朝馬、中港、沙鹿轉運中心等大眾運輸場站，帶動沿線產業及觀光發展，從台中到沙鹿，以前要五十分鐘，完工後大幅減少為二十六分鐘，可望帶來一千一百八十六億元的經濟效益。

「彩虹線」加上「微笑線」，讓山和海不再遙遙相望，連結互通之後的高架軌道，台中人總算看到幸福的微笑已在眼前了！

大台中山手線整體完工後，會跟東京的山手線一樣，變成台中的環狀鐵路系統。

捷運綠線延伸到彰化，那苗栗和南投呢？

林佳龍心中的藍圖是，捷運藍線還可以爭取延伸到南投；大台中山手線在大甲跟后里串起的彩虹線，將爭取往苗栗通霄及苑裡延伸，同時也往北通往三義，讓路網互相串聯，也就是苗栗縣將來會有大台中山手線延伸的鐵路路網。

軌道串起的，絕對不僅止於交通而已，還會帶動周遭文化和生活的相互流通，有流通就會有人潮和錢潮。林佳龍和有交通專業背景的副市長林陵三都說，別小看「軌道經濟」，如果落實中彰投苗區域聯合治理，中部的崛起將指日可待，中彰投苗肯定會變成台灣最耀眼、最璀璨的珍珠項鍊。

Chapter2-4

幸福宜居城市的要件

趕走「慶記」，迎來「石虎」

「保全說，新搬來的人怪怪的……」

「保全說，小孩今天和看起來奇怪的同學一起回來……」

「保全說……」

你有過這樣的聽「保全說」的經驗嗎？

原來，保全比你更了解鄰居，甚至比你更了解孩子的交友狀況，因為他長時間坐在那裡，或是站在那裡，進進出出的人，他都看在眼裡，但很多人卻忽略了他的存在，甚至不夠尊重他。

有沒有可能提升保全的社會地位？

有沒有可能請警察跟保全多合作？

有沒有可能把保全，也變成維護治安的一環？

「台中市的保全人員共有三萬五千多人。」講到數字時，林佳龍加重了語氣。如果這三萬五千多名保全，能跟警察積極合作，不就是如虎添翼？畢竟警力有限，而民力無窮。

林佳龍初上任時，每個月都會表揚具體對台中治安有功的保全人員，更在二〇一五年時直接明定每年十二月三十日為台中市的「保全日」。

在保全日這天，林佳龍會在車上換上紅色的領帶，林佳龍專程去不是只為頒一兩個獎，而是所有的獎項他都要親自頒發，為表重視，他經常一待就超過四十分鐘！

「我用具體行動告訴保全人員，我真的謝謝他們！」林佳龍說保全人員身處第一線，他們的辛苦並不見得為社會所了解，偶爾還被誤會，因此如何提升他們的榮譽感，如何不忘記跟他們說聲謝謝，都是很重要的事。

警察局長楊源明則說：「這是幫別人，也是幫自己。」因為集合住宅大樓越來越多，很多時候警察不方便直接進入，也不可能長時間待著，這時社區保全人員，能否提供資料線索，讓警方及時掌握狀況，往往是打擊犯罪的關鍵。民眾遇到危險，例如搶劫、詐騙、偷竊等等，保全往往都比警察先到現場，因為他們經常就在現場。

就這樣，大台中地區在警方和保全業「合作無間」的情形下，治安一天一天地變好了！

可是，也有人質疑，雖然槍擊案變少了，治安也變好了，為什麼特種營業場所依舊閃爍著霓虹燈？

林佳龍認為社會本來就是大熔爐，路分南北，難免有龍蛇雜處，特種行業在合法經營範圍內，執政者不應該刁難，但業者一定要有「分寸」。台中市府的底線就是，「不能違法，尤其禁止販毒和買賣人口」！

對於警界，林佳龍說他很清楚地讓警察局長知道：「我全力支持你們，但前提是警紀要好，絕對不准被人買通。」

要如何支持警察？

比如說，多年來警察一直反映基層勤務繁重，林佳龍就想辦法增加義交的人數，從二〇一五年七月開始擴編，總數從八百六十人增為一千三百六十人，一口氣增加五成八的人力。

問林佳龍去哪兒找這麼多人，他笑著用手指指腦袋：「透過團隊討論，用智慧找出方法。」

過去台中的義交每小時只有一百五十元協勤費，是六都中最低的。為了吸引

自 2015 年起，每年 12 月 30 日就是台中市的「保全日」，既表揚保全人員對治安的貢獻，也傳達市府與人民的感謝。透過保全日與義交擴編、智慧警政、科技辦案等方法多管齊下，昔日槍聲頻傳的台中，如今刑事案件已大幅下降。

一般民眾投入義交工作，台中市府提出多項福利措施，除有年度保險、治裝費、旅遊、互助費各種補助外，林佳龍還將義交協勤費提高到每小時二百元，比照台北，這比勞工最低時薪一百四十元還高出很多。

因此，在台中的上下班尖峰時段，是看不到警察在路口指揮交通的。林佳龍要他們專心「治安」勤務。現在台中的義交人數總是滿編，而且候補名單更是長長的一大串。

林佳龍說台中現在是「智慧警政」，因為科技辦案，偵防並重，有案必破，並且主動出擊，針對犯罪熱點還佐以大數據，能預防就預防，能教育就教育。想讓治好變好，不可能一蹴可幾，必須一點一滴地累積。

透過保全日、義交擴編、智慧警政、科技辦案等交相作用下，這兩年，台中的整體刑事案件，包括槍擊、搶劫、搶奪、竊盜緝毒、防詐等等，都呈現下降趨勢，「每十萬人口犯罪指標案件發生數」及「每十萬人口全般竊盜發生數」，都是六都最低。

台中，這個昔日被冷嘲熱諷的「文化城」，終於不再槍聲大作，目前已經是六都中治安最好的城市。林佳龍說台中現在不產「慶記」（子彈），只產「石虎」（祝福），給你幸福。

一早電梯裡的笑容

林佳龍的辦公室，誰是平日最早上班的那一位？

辦公室在林佳龍對面的前副市長潘文忠說：「就算開早會，市長也是最早到的！」不管是趕一大早，還是假日，林佳龍從來不會叫祕書或是工友特地來開門或倒茶水，能夠自己搞定的，他全部自己來。

潘文忠回憶說，在那一年半的共事經驗裡，他看到林佳龍的積極、聰明、好學，還有很多政治人物在掌握權力後就會忘記的，那就是「勤奮」和「初心」。

市府的九樓，就是林佳龍和三個副市長的辦公室。

台中市府有座直達九樓的電梯，潘文忠說，他和林佳龍，有時候會一早在那電梯裡相遇。

「早！」林佳龍和潘文忠總是互道早安。

潘文忠說林佳龍的那聲早，總是伴隨著一個大大的笑容。

「那笑容很溫暖，會療癒人……」潘文忠幾乎是一口氣說完，他對林佳龍笑容的感覺。

這個時間，大家其實都剛睡醒沒多久，很多情緒和感覺，都無法偽裝。

潘文忠從林佳龍一早在電梯裡的眼神和笑容，看到了林佳龍的純真，也療癒了自己工作上有時的不順遂，更加堅定了自己的信心，不管是多麼困難的政策，也敢挑戰去落實。

例如，台中獨創的「托育一條龍」政策。

這項政策讓父母可以安心上班，敢生敢養，甚至讓托育、托嬰中心，在台中逆勢成長，現在不少縣市都準備跟進。

但是，當初「托育一條龍」在小組會議裡討論時，可是有一堆人都持保留態度！中央補助台灣地區五歲以上的小孩讀公立幼兒園免學費、私立的則每年補助三萬元。但是，在台中則是將年齡向下延伸到二歲就開始補助，也就是從幼幼班到大班，上小學前，都有補助。

另外，中央補助台灣地區零到二歲的幼兒可以去托嬰中心，台中則是延伸到三歲；如果找保母，中央補助零到二歲，台中則是零到六歲。

數字太冰冷嗎？來看真實案例！

王小姐有兩個兒子，明明和亮亮，明明三歲，亮亮一歲半。

由於王小姐是職業婦女，每天上班前，就把兩兄弟送去托嬰中心。

一歲半的弟弟，中央補助三千，台中再補三千；三歲的哥哥，超過兩歲，中央沒補助，台中因為有托育一條龍的政策，仍可以領到三千，所以兩兄弟每個月的托嬰費用，足足省下九千元。

托育政策是讓台中成為「宜居城市」的重點，孩子能安心送托，
民眾才能真正「安居樂業」。（圖為林佳龍幫小朋友量體溫）

台中的托育一條龍，補足中央的缺口，讓零到六歲的幼童，只要「送托照顧」，都有補助。托育一條龍的成功也吸引中央的注意和跟進，今年八月起，中央宣布的準公共化托育政策，參考托育一條龍精神，將社會投資理念推行到全國，補助零到二歲送托的幼兒每月六千元，明年起二到六歲送托幼兒園的幼兒也將補助每月四千五百元。

為什麼要特別標記「送托照顧」呢？

「孩子要送托照顧，爸爸媽媽才能安心地工作上班；孩子送托，托嬰中心和保姆，就會有生意。」社會局長呂建德比手畫腳地說明著。「這是一個善循環。家長不用放棄工作，就業率提高，民間就會有生產力，托育產業也因此而成長，最終政府還能增加稅收，怎麼看都是三贏。」

不過，想要有這三贏，領頭的人要很有決心，因為政策在發想階段時，不光是預算，還有全國首創政策只許成功的壓力，呂建德說他自己和潘文忠，其實都有點怕怕的，都覺得這個政策太衝了。因此，跟林佳龍建議：「要不要再考慮一下？」

結果，林佳龍很堅定地說：「投資下一代，值得啦！」

呂建德和林佳龍一樣都是學者出身，但林佳龍的果決讓呂建德嚇到了，雖然知道要做的是好事，卻還是很猶豫。

林佳龍會這麼果決，是因為認為政府的存在就是要能夠解決人民的安居樂業，他希望在台中，可以終結台灣很多年輕夫婦「不敢生不敢養」的恐懼，因此寧可減少其他政府開支，把錢用在刀口上。更何況這一來一往間，促進托育產業的成長，創造不少工作機會，所以「咬緊牙關，勇敢做下去就對了」。

但要如何避免業者變相漲價，破壞政府原先擴大補助的美意？

「一萬三就是一萬三，不能亂漲價！」呂建德很清楚地告訴業者，一萬三是他們當初制定出來的合理價格，不能因為政府府有補助就隨便漲價。但基於良善的管理，還是有配套的調價機制，以增進托育品質。

在中央支持下，台中除了持續補助二到六歲送托的幼兒，維持獨步全台的托育一條龍三軌制外，也更有餘裕將資源投入廣設公托、社區托育家園與親子館，升級後的托育一條龍2.0，讓台中成為最友善育兒的城市。托育品質、就業與經濟發展就這麼一點一滴地，往更好的發展方向去了。

顧小的，也要顧老的

「是咧創啥貨！要我繳健保費。」

「卡早攏免繳。」

長青會裡的老人們，你一言我一語地抱怨著。

「阿公，莫生氣啦，我解釋給你聽……」社會局長呂建德彎下腰，跟坐在椅子上大罵的老人家們一一解釋，說明為什麼要加強「六十五歲以上老人健保費補助」排富的原委。

呂建德曾經被當面大喊：「你們是嫌票太多喔！」

當初聽到這些，說不緊張難過是騙人的，因為這些人多是林佳龍的「鐵粉」，要怎麼讓他們理解政策調整的用心，呂建德著實花了一番腦筋。

台中的「六十五歲以上老人健保費補助」，是從前市長胡志強競選連任前一年的七月開始的。原本設定只要六十五歲以上、個人綜合所得稅率在百分之五以下，即可獲得健保費全額補助。幾年下來，竟然全台中二十幾萬老年人口裡，就有超過六成獲得補助，領取補助者中，更有近半擁有不動產超過七百五十萬元，年利息所得超過五萬元。隨著台中老年人口以每年一．五萬人的速度成長，一○四年老人健保補助經費已經突破十億元，一○五年更成長到十二億元。

而在老人健保補助經費快速攀升的同時，也就意味著其他老人家更多、更實際的需求，例如托老、共餐、送餐、居家照顧服務……相關的經費，會在有限的社福預算大餅裡受到排擠。跟不分貧富一概的補助健保費比起來，如果能維持對弱勢低收中低收老人的健保補助，而將其他省下來的錢用在擴大長照、各種社區關懷照顧、以及改進現有各種老人照顧服務的品質上，會不會更符合不同長輩的需求？

雖然說已經把老人健保補助排富後，省下來的經費要投入哪些銀髮族福利都規劃好了，呂建德說他每次經過當時跟林佳龍報告的那個小組會議室，心跳還是會加速。

「我有信心這是個正確的政策，但……」呂建德躊躇地問：「市長不怕被人拿來作文章嗎？要不要緩一緩，等你第二任再做？」

「既然是正確的事，為什麼要考慮選舉？」林佳龍這麼回他。

「老人家可能一開始不能接受，反彈會很大……」

「我知道啊，但把錢拿去做更多真正符合老人需求的事，不是更好嗎？」

呂建德知道市長的決心已定，只好摸摸鼻子回去好好思考下一步該怎麼跟民眾溝通。

雖然是做對的事，但心裡還是很忐忑，因為在呂建德過往的人生經驗裡，從來沒想到會被別人，尤其是老人家，指著鼻子破口大罵：「還我錢來！」

「那滋味真不好受！」呂建德苦笑著說。

老人健保補助雖說是直接的現金「補助」，但是在其他生活醫療方面，長輩真的有受到重視嗎？長輩以後能被有尊嚴的照顧嗎？政府真的有能力去改善他們的晚年生活？健保到底是一種「保險」還是一種「福利」？這些問題，看似尖銳，卻很真實，林佳龍曾經在會議上直接問過部屬，大家都啞口無言，面面相覷！

林佳龍內心一直想實踐「七二一托老一條龍」的政策願景。讓七成老人都能健康樂活、預防成為被照顧者，讓兩成亞健康老人提升復原力、強化生活自理能力，讓一成失能老人也能獲得完善照顧。

這政策企圖扭轉一般大眾對於長者照顧的誤解，其實除了照顧「失能者」，老人預防照顧更顯重要，畢竟老化是一個緩慢漸進的過程，在這過程當中我們有太多的預備工作要做！

台中的「托老一條龍」依據老人健康狀況，從預防照護準備期（健康）、初級預防照顧（健康與亞健康）、次級預防照顧（亞健康與輕度失能）、長期照顧（失能與失智）等四階段，分別規劃對應政策，全面滿足老人需求。

第一階段「預防照護準備期」，五十五歲到六十五歲。

很多人都是在退休後，身體開始變差的，因為一下子沒了重心，沒了舞台，在心理影響生理的情況下，健康每下愈況。

這個階段的照護，著重在健康老人上，希望他們走出家中，去參加「長青學苑」，學習新的事務，比如說3C產品的使用，回家後可以秀給孫子看，甚至一起玩Game。

「長青學苑」屬於活到老學到老；「銀髮生活館」，則是讓老人回饋社會，因為許多長輩擁有特殊的經驗和精湛的技藝，如果因為退休就頓失舞台，無法傳承，很可惜。因此，啟動彩繪銀髮達人的生命力計畫，廣設銀髮生活館，讓長者發揮生活智慧、傳承技藝，重新找到自我價值。

透過這些設計，盼能「延緩」老人進入「失能」階段，讓老的快樂、老的健康不是夢！

第二階段「初級預防照顧」，六十五歲以上健康和亞健康的長者。

廣設長青快樂學堂（日間托老所），這是一週五天，一天六小時的托老中心。這讓長輩可以快樂上課，子女可以安心上班外，老人也可以在上課中結交朋友及活化身心機能。目前正積極運用各級學校空餘校舍辦理托老服務，如於青海國中開辦的長青快樂學堂，創造世代共學與老人福利服務的新典範。

另外，市府也廣設社區照顧關懷據點，關懷老人們的健康，也安排健康促進活動；更提供「共餐」的服務，鼓勵老人走出家裡去交朋友。

第三階段「次級預防照顧」，六十五歲以上亞健康與輕度失能／失智長者。

這個階段的長者，開始面臨生理的衰退，進而影響生活品質的諸多狀況，目前整個老人照護體系，最欠缺的就是這個環節。

廣設「多功能日間托老中心」，是以提升輕度失能長者的「復原力」為目標。

提升老人的生活自理能力，維持原本的生活樣態，避免讓輕度的失能者，因照護問題和心情因素，變得更加嚴重，甚至陷入中度、重度失能。

第四階段「長期照顧」，針對失能與失智長者。

此階段的老人因為失能或者失智，難以自理生活，此時須強化「社區化」的照顧能量，和民間單位合作多元照顧中心，除了日間托老外，以居家服務為基礎，透過協調整合，安排適當的照顧服務項目，包括臨時住宿照顧、餐飲服務、沐浴服務等，支持長輩「在地終老」。

長青學苑和長青快樂學堂，屬於健康時期的預防準備；多功能日間托老和多元照顧中心，則是失能階段的長期照顧，希冀透過如此一條龍的照顧體系，延緩老人邁入失能，也照顧好長者，讓年輕人安心工作，同時這也是促進長照相關產業的發展，增加就業機會，落實「生活首都．宜居城市」的施政願景。

無奈這樣的用心，並不是每個人都能理解，一開始甚至招來謾罵。

被謾罵的第一線，不是呂建德，就是林佳龍自己。

呂建德五十歲生日那年，剛好碰上取消六十五歲以上的老人健保補助，他走到哪兒被罵到哪兒。那晚，他在酒後傳了 Line 給林佳龍：「我跟你很累，但是我很光榮⋯⋯」一按下發送鍵，他倒頭就睡。

隔天一早，呂建德驚覺自己好像有傳 Line 給林佳龍，趕緊打開一看，看到

「長青快樂學堂」提供長者學習電腦、藝文表演的環境，
讓長者享受多元的樂齡生活；此外，市府亦設有多處「社區照護關懷據點」，
提供「共餐」服務，注重高齡者的飲食養生。

林佳龍回了一個微笑的貼圖。然後看一下自己傳的訊息：「我跟你很累，但是我很光榮！」呂建德忍不住地說：「雖然是酒後吐真言，但是……好超尷尬啊！」

同仁的辛苦，林佳龍都知道，他自己也三不五時就遇到民眾的抱怨。但林佳龍始終還是那句話，「做對的事，把事做對」。在老人健保補助加強排富一年後，台中市交出了漂亮的老人社福成績單。不僅長照ＡＢＣ級據點總數達到五百九十三個，高居六都第一，遙遙領先第二名高雄市的五百個，居家服務單位也從原本十四家增加到五十二家，居服員倍增到一千四百人。最受老人家歡迎的長青學苑，課程將加開到一千班，原本使用率低的敬老愛心卡乘車服務，接下來也將擴大用途，納入計程車及就診。更重要的是，全市一萬五千多名低收中低收的長輩，仍然持續享有健保費補助，保障弱勢的就醫權利。

林佳龍如何在這過程中堅定自己的信心？

「我告訴自己，不要做明天會後悔的事，這是今天一定要做的事。」說這話時的林佳龍笑了，而且笑得很單純，就跟潘文忠一早在電梯裡看到的笑容一樣，憨憨的，卻充滿熱情。

我每一棟都要救

繁華落盡後，還能剩下什麼？

中區，曾經是老台中最繁華的地方，更曾是全台灣商業密度最高的地區。以火車站為軸心，附近的第一廣場、千越綠川大樓、綜合大樓、遠東百貨、永琦東急百貨、財神百貨，合作大樓、東英大樓，是老台中人的繁華記憶。

「那時候，人擠人啊……」台中市議員江肇國的語氣聽得出惋惜！江肇國是在中區長大的孩子，他說老台中人不管是過年過節的採購，人生中重要場合的記憶，就都全在這兒。

江肇國的大學是在外地念的，那時七期正在發展，每次回家，下高速公路，轉進台灣大道時，看到拔地而起的玻璃帷幕大樓，一棟比一棟美，一棟比一棟高，他承認一開始真的覺得很棒；但是，沒多久就覺得怪怪的，很有距離感，因為感覺這不是台中，不是他的家。

回到中區的家，自由路、中正路、綠川東西街附近的百貨街，建築都還在，但不僅沒人逛，有的還因為地震的關係，變成危樓，步行在這裡，說有多惆悵就有多惆悵，這是很多老台中人的痛。

中區沒落，至少超過二十年！

林佳龍當初的競選政見，就是復興中區。

中區有著許多很有味道的建築，走過日治時代的刻痕，歷經民國時期的震盪，然後迎接七〇、八〇年代的經濟起飛，接著就慢慢地走入繁華落盡後的蕭條。

這幾年，開始有些在地人極力想找回城區昔日的榮景，透過歷史的反省和人文的觀照，想賦予老建築全新的生命空間，例如宮原眼科、第四信用合作社等等。不過，這些都是單點的拚搏，想要連結點線面擴大效益，就必須搭配「政策」，整體而且很有策略性地去規劃，不然就起不了宏大的作用。

江肇國在某次的議會質詢上，把中區過往知名的八棟百貨大樓做成看版，問林佳龍要先救哪一棟，哪知林佳龍很豪氣地回答：「我每一棟都要救！」當下江肇國有點傻住，還問：「你說什麼？」林佳龍緩緩地又肯定的說：「我每一棟都要救。」「救不了中區，我不配當市長」。

「這樣賭很大。」江肇國說他沒想到林佳龍會這樣篤定，原以為只會挑個一兩棟意思意思表態一下。

事後證明，林佳龍不是只在議會上說說而已，他真的親自帶領局處首長，和江肇國以及當地的里長們，實地去那中區的八棟樓，實地勘察研究並要大家提出建言，看看要怎麼做才可以更好。其實，他心中早已有挽救中區的解決方案，也即將陸陸續續展開，他只是要讓大家感受他的決心。

現在的中區，正在翻轉中！

柳川、綠川的整治，不是只有表面上的變美、變乾淨而已，包括對城市環境的重新思考，還有人民素質的提升；第一廣場變成了東協廣場，是對東南亞移工的感謝和尊重，因為我們生活在同一塊土地上，在同在一片天空底下呼吸；綠空鐵道的規劃，更留下往昔的刻痕，當年的鐵軌是如何分隔兩邊，有記憶有歷史，而鐵軌就蓋在「駁坎」上，這「駁坎」記錄著當年的點點滴滴，往後的「駁坎」將沒有火車，只有騎自行車和悠閒散步的人們。

林佳龍有個朋友，就住在中區。

這朋友笑著跟林佳龍說：「房子終於變貴了。」這話讓林佳龍樂翻天，因為整個中區的房價上來了，復興中區，一點一滴正在進行中！

綠空鐵道的留白

台鐵在台中市區的沿線，已經高架捷運化了，那原先平面的鐵道「駁坎」，到底是拆還不拆？

高架後的平面空間，和舊鐵道，以及台中火車站周邊的舊倉庫、宿舍等歷史建物，台中當地的文史團體呼籲要留下來，他們建議應該結合文創小店和周遭的歷史建物，推廣鐵軌小旅行，讓台中的文化歷史底蘊，得以重見天日。

文史團體的想法，最先接受的是林佳龍。

「其實我是被市長說服的……」地政局長張治祥說，她原先並不贊成把「駁坎」留下來，當初就是因為鐵軌穿越市區，造成兩邊的發展不均，也經常導致交通意外，如今有了可以整併的機會，甚至可以利用周邊土地重新規劃城市面貌，她想不通為什麼還要留下「駁坎」？

市政小組會議上，林佳龍和張治祥你來我往地不斷交換意見，雖沒有直接吵起來，但也實在說不上氣氛融洽。

「開發很重要，但有時候不開發，也是一種政績。」林佳龍這話句聽得張治祥一頭霧水。

為了讓城市呼吸，有時候要讓城市適度地「留白」，留白不是空白不建設的意思，「留白」是另一種都市建設的思維角度。我們要留些一些綠樹，留下一些空地，留下一些建築，留下一些歷史，讓我們可以緬懷，可以思考，可以漫步其間，城市除了填滿建築物，也要填補心靈的空間，畢竟城市是一個提供生活的所在地，美好的都市是一定有其靈魂的。

張治祥說「留白」的概念，對搞地政的，和一般政治人物來說，都不是件容易懂的事！更何況這一「留白」，是要南到林森路、北到復興路四段，把總共約

一．六公里長的舊鐵道沿線，全都留下來。

不是說寸土寸金嗎？

林佳龍表示，正因為是寸土寸金，所以才更需要留下這片舊鐵道駁坎，將來孩子們會驚嘆：「原來阿公、阿嬤是在這樣的環境下長大的啊！」

鐵道駁坎，是串接台中城市的源頭，也將會是翻轉舊城區的綠色軸線。別忘了早年的台中，就是從台中火車站周邊開始發展的，鐵道對台中來說，有著無可取代的歷史意義。

「綠空鐵道」，就在林佳龍這樣的留白心境下，有了發展的契機。

全長一．六公里的綠空鐵道，將廣植綠樹，作為自行車道，但這只是最表面的意象。因為綠空鐵道會搭配周遭建物和環境，將整個區塊劃分為鐵道文化園區、北段廊道、南段歷史走廊、綠川水綠廊道。

一，鐵道文化園區—綠廊資訊服務中心

台中舊火車站，已被列為國定古蹟，以此為中心點，將整個鐵道遺產活化為鐵道文物園區，也是一種城市博物館。整個園區，除了保存舊歷史風貌外，還會引入現代生活科技，成為市民新的生活空間，其中的導覽和旅遊服務，都是不可

或缺的，人文知性的樂活之旅，就從踏進鐵道文物園區開始。

二，北段廊道—人文生態之旅

往北走，鐵道沿線將看到台糖的舊糖廠和酒廠，這裡會有購物專區，串聯起東西側的歷史人文景點，其中交錯著人行步道和自行車道，逛街購物、輕騎而過、時而緬懷歷史建物，時而詠嘆人文故事，優游其間，好不愜意。

三，南段走廊—歷史古蹟之旅

往南走，會看到很多具有歷史意義的宿舍群，例如台鐵當年的員工宿舍，和台中刑務所演武場。演武場，建於一九三七年，是台中市僅存日治時期的武道館式建築。一踏進演武場，彷彿還可以聽到練武的吆喝聲，當年刑務所的司獄官們就是在這裡練武的。走出舊建築，回到現代，跨上腳踏車，再往下一個景點出發。沿途的生態綠樹成蔭，讓人心曠神怡，一下歷史迴光之旅、一下自然風光，真是趣味橫生。

四，綠川水綠廊道—縫合和藍帶串聯

綠空鐵道，顧名思義，會有很多的綠樹，會有很多的空地，這就是綠帶，那藍帶會是什麼？

市中心的綠川，以前叫新盛溪，一九一二年時，當時的日本台灣總督佐久間左馬太，視察新盛溪時，看見河岸綠蔭青翠，就將新盛溪改名為綠川。

「開發很重要，但有時候不開發，也是一種政績。」林佳龍認為，為了讓城市呼吸，有時候要讓城市適度「留白」。我們要留些一些綠樹，留下一些空地，留下一些建築，留下一些歷史，讓我們可以緬懷，可以思考，可以漫步其間。（圖為充滿歷史意義的台中車站）

那時來台旅遊的日本人，寫回去報平安的繪葉書就都寫著：「新盛溪之美，有如京都的鴨川，街道之整齊，也有如漫步在京都街頭……」因此，所謂的綠帶，就是整治過後的綠川。

而綠帶和藍帶的縫合串聯，就是用自行車道和人行步道，穿越涵洞，保留親水，將人潮引往都市藍帶。

藍帶，就是中區，這個曾經繁華的地區，如今正慢慢地要再度輝煌重生。綠帶和藍帶互相串聯，所牽引出的文化歷史，也會帶來經濟效益，林佳龍勾勒出的願景，有人文歷史、有環境生態、有經濟效益，但這些都是要有勇氣堅持，要用耐性等待，更要不斷地說服部屬，說服民眾……

林佳龍始終耐著性子，一步一腳印，終於快要看到那晴空綠樹、春暖花開的日子的到來。

一支名為川顏的筆

城市因河流而誕生，文明隨城市而興起。

河流之於城市為什麼重要？

這跟生存有關，不管是人，還是其他動植物，都需要水。只要有河流流經的地方，就不愁沒有水，農作物可以生長，人們也可以吃飽喝足，就有餘裕發展文明。

翻開古今中外歷史，有河流經過的城市，不管是經濟還是文化，都是比較發達的！

華盛頓的波多馬克河、巴黎的塞納河、流經多個歐洲國家的多瑙河……，每個偉大城市，都伴隨一條著名的河流。

行經台中市的河流，光是舊市區就有柳川、綠川、梅川、麻園頭溪、筏子溪等等。柳川、綠川，光聽這名字，就覺得河岸一定是青翠蔥鬱，婀娜多姿。

五十年前的柳川、綠川，水質清澈，風景如畫。不過，隨著城市發展，人口的增加，家庭汙水直接排入，導致河川變為混濁，河面上空氣中凝結著一股揮之不去的異味，曾經的美麗河川，逐漸變成臭水溝。那時的主政者，眼不見為淨，鴕鳥心態式地直接在河面上加蓋！因此，過去二十年，如果跟台中人說來去柳川、綠川附近散步，或是寫生、拍照，應該會被人說是頭殼壞掉吧！

林佳龍把台中定位為「水岸花都」，這口號剛喊出來時，他就被笑說：「花都在巴黎，你是不是走錯地方了？」「台中怎麼跟巴黎比？還說水岸，哪裡有水？是臭水溝吧！哈哈……」總之，就是受盡了嘲諷。

水利局長周廷彰說，林佳龍找他進團隊時就說：「河川水岸一定要想辦法改善。」

因此，周廷彰上任後的第一個星期天，就和副市長林陵三把整個台中市繞了一圈，發現不管是綠川還是柳川，「都很臭啊……」周廷彰搖著頭說，「任內要將河岸改頭換面，我想到頭皮就發麻呀！」

綠川在日治時代，叫做新盛溪，二〇一六年十月，林佳龍啟動「新盛綠川廊道計畫」。

周廷彰說他永遠記得那天的景象，當林佳龍在台上宣布要整治綠川時，附近有不少人在那裡冷眼旁觀，有的人在加蓋的綠川上「曬棉被、曬菜脯」，也有的人在上面叫賣拖鞋雜物，有一位阿嬤還拿根竹子，不時拍打披在椅子上的棉被，嘴裡喃喃自語地說：「吃飽沒事做，幹嘛要把蓋子打開？」周廷彰說，那時真的覺得整治綠川是一件「不可能的任務」。

綠川整治一期工程全長七百公尺，柳川一期工程則是三百公尺。既然一定要整治水岸，那就先從短的開始來，也就是柳川先做，等成功案例出來後，後續應該就會比較好推動。

目標定好後，就一步一步去邁進。

林佳龍很清楚地告訴周廷彰，要走進鄉里社區讓民眾知道，改善水質當然是第一要務，但可以透過整治綠川，讓中、西區再次發光發熱。

綠川在日治時代，叫做新盛溪，在綠川整治的同時，市府也開設為期半年的「綠川學堂」，從綠川的水質、文史、生態、多元文化等等面相，和民眾一起領略綠川的美麗與哀愁。當歷史的榮光再次喚醒台中人的美好記憶，人們會更願意走在水岸邊，散步運動，逛街消費，這就是水岸整治後自然會帶起來的經濟效應。

為什麼整治綠川，會復興中、西區？當綠川恢復早年的美景，也不再散發出惡臭時，歷史的榮光將再次喚醒台中人的美好記憶，人們會更願意走在水岸邊，散步運動，逛街消費，這就是水岸整治後自然會帶起來的經濟效應。

為了消除沿岸民眾的疑慮，台中市府開辦為期半年的「綠川學堂」，從綠川的水質、文史、生態、多元文化等等面相，和民眾一起領略綠川的美麗與哀愁。

當林佳龍宣布啟動整治計畫時，那個在一旁曬棉被抗議的阿嬤，不僅有去綠川學堂上課，還拿了「全勤獎」。綠川學堂結業時，林佳龍親自頒獎給這位阿嬤，雙方都笑得燦爛，在那笑容中，彷彿看到綠川恢復往昔風華，沿岸旅人如織。

沒多久，柳川就整治完成了，同時也移除早期栽種的山櫻花，換上本土種的水柳。

那柳樹垂下的枝條，布著綿密細緻的綠葉，隨風舞動，像煙霧般輕盈，如夢如幻，許多市民都驚嘆道：「原來柳川就應該配著柳樹啊！」

二〇一六年耶誕節前後，水岸掛滿耶誕燈飾，配上音樂表演，柳川突然間湧進了大量的人潮，有本地人也有外地人，「很久沒看到這麼多人了」，旁邊的商家很興奮地說！

而在柳川湧進的人潮中，有一對新人是來拍婚紗的。

新娘不是別人，正是水利局柳川整治案的承辦人林嘉若，她的婚紗照，就在自己奉獻心力整治的柳川拍。林嘉若說現在的柳川不僅美，整體工程的品質更足好，因為得了金質獎，除了得到「公共工程金質獎」，還拿了國家卓越貢獻獎的「國土建設特別貢獻獎」。

柳川作為水岸整治的「戰略第一槍」，很成功。

因此，當後續綠川整治開始，民眾不僅減低了疑慮，甚至要求速度要加快，高鐵門面筏子溪的整治困難也減少了，原縣區豐原廟東商圈附近的葫蘆墩圳整治更是當地居民主動要求開蓋的，這些都讓林佳龍樂開懷。

然而，綠川水域的整體環境營造並非僅止於這條河川，還包括台中公園日月湖百年清淤、旱溪整治，也就是除了要改善水質和增加美感外，更要做到防洪的功能，不然只要一場雨，所有努力就都白費了。

另外，為滿足綠川防洪標準並兼顧中山綠橋（舊名新盛橋）保存，多次和各領域專家討論，決定在橋下設置防洪箱涵，採用「夫妻樁」，穩固橋台基礎，保護古蹟也解決綠川通洪瓶頸問題。

二〇一八年的農曆過年期間，綠川第一期整治工程完成！

剎那間，以前那條讓人驚嘆的綠川回來了，還搭配著懷舊又充滿光榮感的專屬 Logo，這個 Logo 是全台第一個有註冊的水岸商標，整個綠川沿線的欄杆上，都有這專屬的 Logo，就連路燈和人孔蓋，也都另外有自己的設計，上頭有中區舊城和水流，重現昔日風華。

除了有硬體，也有不少軟體！綠川沿岸有許多藝文活動，相關的文創商品也問世，綠川啤酒、綠川糕點等等，更出了款叫做「川顏」的筆。

「川顏」的墨水，是綠川的水，從採集、過濾、烘乾、研磨到調配，都是在地情感的印記。藉由手握筆桿的溫度，書寫出握筆人的情感，娟秀也好，狂野也罷，都是重新認識綠川。

而這一系列的創意，不是外包給行銷公司，而是來自台中市政府的水利局同仁。印象中的工程師，總是硬梆梆，如此地有人文氣息，必須奠基在對環境和文化的認同。

在台中，出國考察不是只讓局長出去看，而是讓承辦同仁去，周廷彰說當工程師有了眼界，再加上過程中培養出來的文化認同感，一系列的綠川文創創意，就這麼誕生了！

完工後的綠川，成了台中人最驕傲的新景點。不分藍綠白的縣市首長邱鏡淳、林右昌、柯文哲……紛紛來取經，行政院長賴清德來台中視察綠川時，更直接讚嘆林佳龍「化腐朽為神奇」。民進黨中常會邀請林佳龍去報告時，現場還多了兩位嘉賓：一位是在地電子街商圈的主委余政雄，分享中區商機重生的喜悅，另一位則是主動發起綠川清理活動的印尼移工 Pindy。

整治後的柳川，在夜裡也別有迷人風情。柳川整治工程除了獲得「公共工程金質獎」，還榮獲國家卓越貢獻獎的「國土建設特別貢獻獎」，作為水岸整治的「戰略第一槍」，相當成功。

每個月，Pindy 和其他來自印尼、在台中工作的移工一起，從綠川出發，沿著東協廣場進行清掃，單純的動機，只是覺得整治後的綠川很乾淨很漂亮，想要幫忙維護環境。當聽到 Pindy 說出「台中是我第二個家」的時候，現場的人、包括林佳龍，如雷的掌聲裡，眼眶都微微濕了。

這是屬於這個城市河川共同的記憶，這個記憶，還會再延續下去。

坐高鐵看到 TAICHUNG 立牌

林佳龍在當立委時，就天天坐高鐵往返台北、台中。

每次在高鐵上，望著窗外時，林佳龍總是在想，要有一個什麼具體的形象，可以讓旅客一眼望向窗外，就知道台中快到了。

那時，迎接林佳龍的是一大片宛如廢墟的空地，和幾處看起來像是違建的民宅，以及髒髒的溪水，

那條髒髒的溪水，就是筏子溪。

不過，筏子溪以前不是這樣的，曾經風光明媚，曾經可以在岸邊垂釣，而人們往來的交通工具就是竹筏，因此被叫做筏子溪。

當柳川、綠川相繼整治的同時，筏子溪迎賓水岸廊道整治計畫也是如火如荼

地在進行中。

不過，這個改造計畫，一開始並不是很順利，因為筏子溪是中央政府管的河川，光是和經濟部第三河川局溝通協調，就花了很多心力，更何況剛開始時，中央執政的不是民進黨，因此進度緩慢。

然而，筏子溪整治，不是只有門面景觀的問題，還必須兼具河川防洪的功能。近幾年，中央花了不少經費整治，台中市政府則是更進一步推動筏子溪河道周邊的環境營造，中央、地方逐步聯手，讓筏子溪成為一條又親水又防洪的門戶河川。而因為市府這段景觀工程的成功，更因此促成中央編列二十多億元經費的筏子溪全流域整治計畫。

前陣子林佳龍要北上去坐高鐵時，車子經過正在整治的筏子溪沿線。

「筏子溪快要整治好了。」林佳龍突然轉頭望向窗外，說了這麼句話。巧的是，車子前座的隨扈，在林佳龍一轉頭，還沒開口說話時，就也不約而同地轉頭望向窗外，看著正在整治的筏子溪。

這一幕讓當時也在車上，要一起搭高鐵北上的友人印象深刻，這訴說著老闆與部屬有著相同的願景，大家朝同一方向努力前進。

如今筏子溪迎賓水岸廊道終於竣工，有自行車道，可以串聯潭雅神、中科、大烏龍等路線，也有高灘地的美化，歡迎民眾在那裡野餐、散步，如果想看自然生態，那裡也有賞鳥景觀平台。特別值得一提的是那大大的「TAICHUNG」英文立體字牌，這個 TAICHUNG，足足有四公尺高，巨大又漂亮。

跟 TAICHUNG 拍照打卡，怎麼拍怎麼美，看是要人小小的全景拍，還是趣味橫生的選字拍，比如說只跟「NG」拍，就看旅人當下的心境。

而且這個 TAICHUNG，無論白天或晚上，都各有風情：白天陽光灑下來，讓白色的字體更顯蓬勃朝氣；晚上配著不同的燈光，有時紫、有時藍……，變得浪漫萬千。

「下次坐高鐵來台中玩，一定要先看看 TAICHUNG！」林佳龍笑著說。

搭乘高鐵只要到了台中站，就可看見筏子溪迎賓水岸廊道上，
矗立著大大的「TAICHUNG」立牌，
既是向遊客説聲「歡迎來台中！」返鄉的台中子弟一看也就知道「到家了！」

Chapter 3

打開就可以大快朵頤的保鮮盒

保鮮盒，通常沒什麼亮麗外型，當你一打開，卻會「哇」的一聲，有魚有肉有菜，色香味俱全。

有些人就像保鮮盒一樣，外表看起來鈍鈍、冷冷的，讓人覺得有距離，但內心卻是溫暖的，把什麼都準備好了，只為跟你分享！

Chapter3-1

溫度不是只對熟人

梨山，我又來了！

中橫公路，進出梨山的「青山下線」管制站前，不管是要上山還是下山，都要大排長龍。

這個管制站，一天只開放三個時段，人車單線雙向通行，對象只開放梨山居民和公務使用，一般遊客是無法走這條路上山的。

這段管制的路段，就是中橫公路（台八線）谷關到德基間的路段，也就是台八線44K處，依照海拔高低分成「青山上線」和「青山下線」。

九二一大地震後，這個路段全線受損狀況不一：有的路段，看似路面良好，路基輕微受損，但一抬頭，看到的卻是交錯的岩層山壁。這些岩層有的結構完整，有的卻鬆動裸露。這些脆弱的岩層，是公路安全的殺手，是中橫必須管制的最主要原因。

管制區前，有台黑色的休旅車停在那兒，和需要進出的居民們一般，排隊等候入山的許可通行。這台是林佳龍的公務車，他要去梨山，很多當地的果農和居民都在等他。林佳龍至少每半年要來一次梨山，而且每次都過夜，他說這是「和平專案」。

什麼是和平專案？

台中市和平區，有四個「最」：離市區最遠、海拔最高、人口最少、面積最大。台中的人口將近二百八十萬，和平區的人口則是一萬多一點，換算一下就知道，和平的人口佔不到全市的千分之五。

台中市的總面積兩千兩百七十萬平方公尺，和平區的面積，卻佔台中總面積百分之四十六．八五。

台中市和平區，人口少，面積大，這樣的地方，能擁有什麼樣的資源？

地廣人稀，優點是可以開發的地方還很多，缺點就是偏遠，各項資源相對匱乏。

和平區屬於後者，整個和平區位於雪山山脈東側，有大甲溪貫穿，媒體上常報導的偏鄉部落，包括環山部落、松鶴部落、達觀部落等等，就都坐落在和平區。

這些部落的名字，聽起來一個比一個有詩意，景色也一處比一處怡人，實際的生活狀況卻是：只要下場大雨，大家就會提心吊膽，那就更別提颱風來襲時期了。

二〇一四年台中市長選前，林佳龍就常去大梨山地區，每次去，心裡的感觸都很深。

當時他就承諾居民，如果選上，他會每半年來一次，不會見不到人，更不會不管大家。

之後，林佳龍選上了，他在隔年三月成立「和平專案」，並且由副市長林陵三擔任召集人，率領各局處首長實地訪視居民與建設，他自己每半年上山一次，也要求每個月至少要有兩個局處首長上山住宿，傾聽民意。

所謂的「和平專案」，就是把和平區視同「特別行政區」，在合法範圍內，不管是預算還是人事，都賦予更多的權限，希望能夠回應在地的真實需求，縮小城鄉差距。

二〇一五年十二月三十一日，要迎接二〇一六年的那一晚，林佳龍甚至率領所有的局處首長，在梨山辦跨年晚會。那晚，他們就在梨山住下，也在梨山舉辦元旦升旗典禮。

「他睡在部落，用行動告訴你，我在這裡。」研考會主委柳嘉峰這麼說。

博屋瑪國小位於和平區的達觀部落，是全台灣第一所原住民實驗國小，
採用主題式教學，也吸引了不少非原住民的學童來就讀。

講起和平專案，柳嘉峰說：「或許有人會覺得我們去夜宿其實是在做秀，但我們不是僅去住一次而已，是經常性的，有計畫性地去，甚至還開了三十幾場座談會，場場都有會議紀錄，更將決議事項納入專案列管，逐步落實照顧原鄉的政策。」

每次林佳龍在座談會現場講「梨山，我又來了！」時，那掌聲及歡呼聲之熱烈，總會讓人以為還在選舉場。

我們想裝暖氣

梨山一年十二個月，每個月都有不同的景象。

「一月雪天飛，二月讚桃妃，三月舞櫻花，四月笑蘋梨，五月捻茶香，六月瀲菊黃，七月覓桃香，八月品梨甜，九月採蘋樂，十月秋收豐，十一月楓紅豔，十二月盈霜降。」

梨山的冬天，真是冷！

平地再冷，穿件羽絨衣應該就夠，山區的冷，是那種透到骨頭裡的凍，讓人直打哆嗦。

應該是林佳龍第二次到梨山的那場座談會上，有位國小校長舉手跟林佳龍說：「可不可以幫我們裝暖氣，孩子上課常常冷到發抖……」

林佳龍馬上望著那時的教育局長顏慶祥，顏局長還沒回話時，那位校長接著說：「我們過去十年，每年都有拜託，但都沒有辦法裝，都被打回票。」

前一晚整個市府團隊才夜宿在這兒，很清楚山區到底有多冷，也知道就算是白天，氣溫也沒回升太多。

當你不是遊客，不是要來看雪天飛、盈霜降的美景時，那冬天的冷，會讓你真正理解在地人所求為何，這就是林佳龍要求局處首長，進行和平專案時，必須夜宿的原因。

林佳龍在座談會上說：「平地的學校，夏天有冷氣吹；山上的學校，冬天用暖氣，應該不為過。」

聽到林佳龍的承諾，顏慶祥當下是有點擔心的，公務體系最大的問題，就在於缺乏彈性，以致很難因地制宜。要幫山上的學校裝暖氣，這種沒有前例的事，之所以一再被打回票是有原因的。

林佳龍可不止是在山上說說而已，下山後，林佳龍直接找了教育局等幾個相關單位面對面開會。幾個月後，在梨山冬天正要進入最嚴寒之際，環山部落的平等國小，已經有了嶄新的暖爐，全台海拔最高的梨山國民中小學，期盼已久的暖氣也終於要裝了。

「雪中送炭」這四個字，林佳龍很常講。沒有什麼比這四個字更能形容，他想讓原鄉孩子溫暖的心意了。研考會主委柳嘉峰說，「雪中送炭」四個字，已經變成追蹤考核各局處業務的圭臬了。

市長的理念想法也影響局處首長的施政心態，林佳龍真心期望，「民之所欲，常在我心」。哪怕只是一點點小小的請求，只要是能帶給人民幸福，能力所及，就應該去做。

林佳龍真心期待為老百姓「雪中送炭」的想法可以深化成為他團隊的DNA。

深山裡最遠的那一盞燈

「民眾的小事，是我的大事。」這曾經是蔣經國的名言。

林佳龍覺得有很多事情，對於手上握有權力的人來說，往往僅是一樁做與不做的小事罷了，但很可能對老百姓而言是卻是「大代誌」。因此比較符合林佳龍風格的，應該是：「我的小事，是民眾的大事。」

做民眾公僕的人，如果願意多用點心，懂得設身處地為百姓著想，那麼很多事情就都能迎刃而解，凡事硬梆梆的「照規定辦事」，就不能真正體悟到「我的小事，是民眾的大事」的真義。

「他的心很柔軟。」講這話的人是台中市副市長林陵三。

林陵三口中的他，就是林佳龍。林陵三在擔任台中市副市長前，曾經是中央部會級的官員，做過交通部長。同時期，林佳龍則是新聞局長。

林陵三說林佳龍是他見過最認真的新聞局長。

那麼多的部會，那麼多的政策，每次會議時，林陵山發現他總能把各部會的業務管轄弄得清清楚楚，該怎麼橫向聯繫，居間取得合作，他也能適時地提出建議。如此一來，林佳龍對外談論到政策時，就絕對不是照本宣科，講講皮毛而已，而是具有深刻的論述能力。

「這要花多少時間做功課啊？」林陵三曾經這麼問過林佳龍。

二〇〇五年，林佳龍辭職到台中選市長，林陵三那時還在當交通部長。

當時，多數人都視林佳龍為犧牲打，竟敢挑戰聲勢如日中天的胡志強。林陵三找了一個週末，和太太一起開車，在沒通知任何人的情形下，專程到台中給林佳龍打氣，並引介一位在台中政壇上有影響力的前輩。據說，當下林陵三只說：「加油加油喔。」林佳龍則趕緊回：「謝謝！謝謝！」彼此之間沒有太多客套話，但誠摯的眼神交會後，相互的手都握得很用力。

二〇一四年，林佳龍選上台中市長後，找了已經退休的林陵三來當副市長，當時政壇很多人都說看不懂林佳龍的布局，怎麼會找個七十歲的人來當副手？

對林佳龍來說，找林陵三來當副手，不是只有記得他當年雪中送炭的情誼，這麼簡單而已，更重要的他是看到林陵三的專業，對於要靠交通來轉型的台中，林陵三的豐富經驗非常重要！

林陵三是個從基層做起的工程師，從下水道到高速公路，各種建設工程他都懂，更曾催生台北市捷運。大半輩子都投身在公務體系的他，也很清楚各種建設工程背後的眉眉角角，不管是公文還是報告到他手上，往往都能被他點出關鍵問題所在。

能夠找到這樣一個熟悉公務和建設生態的老手來幫自己，某種程度也說明著林佳龍的確很有識人之明。

而林陵三會說林佳龍心很軟，是因為林佳龍除了要求他要通盤掌握住台中山手線，這種大建設的案子外，對於和平專案這種偏鄉的小案子，更是千叮萬囑地緊盯細節和落實進度。

和平區大多數的居民都是果農，彎彎曲曲的山路，是他們運送蔬菜、水果到外縣市販賣的生活命脈，為了一大清早就能販賣，果農們常常連夜趕路。

山路上的點點車燈，一台接一台，但他們都是就著自己的車燈趕路，因為山路上過去有很多路段一直沒有路燈設施。

和平地區這兩年一共點燈三百三十二盞，其中最遠的一盞，編號13228，位在海拔一千九百七十公尺，在和平分局志良派出所附近的山路急轉彎處。

過了這個急轉彎，眼看宜蘭就快到了，一車的蔬果，很快就能換得生活的溫飽。但是，一個急轉彎，如果轉得好，人生就繼續；一旦沒轉好，人生就此停格，徒留一家老小哀號。

因此，當NO.13228點亮時，環山部落裡的耆老眼眶都紅了。

因為以往不曉得有多少家庭的經濟支柱，就在這山路急轉彎處，因天黑看不清楚，直接撞上了山壁，輕的住院，重的丟了性命。

為了不讓這樣的悲劇發生，台中市府自二〇一六年度起每年均編列二千萬元預算，在和平、太平、霧峰、后里、外埔、豐原、新社、石岡、東勢等九個偏遠地區執行「山區農路點燈計畫」，增設一千二百七十七盞路燈，二〇一七年再擴大行政區增設一千二百二十二盞。

多一盞燈，就讓人多一份安心，平地如此，山區更是如此！

林陵三說林佳龍要求和平專案的預算用專案處理，為了居民和旅客的安全，絕對不能拖。

燈亮了，路也要平。

林陵三幾乎每個月都和建設局上上下下的同仁，穿梭在和平區的狹窄蜿蜒山路裡。

梨山的道路，長年遊覽車及大型重車長期反覆地輾壓，路面因而產生裂縫，部分路基甚至龜裂損壞，影響行車安全，例如通往福壽山農場的福壽路，就是如此。

林佳龍和林陵三都堅信，唯有把路弄平，觀光客才會回來，過去兩年已經完成和平區幾條主要道路東崎路、武陵路、福壽路總計七．六公里的路平，今年底前還會再完成十一公里，讓和平區的居民不用再望路興嘆，觀光客也能有安全平適的旅遊體驗。

山區的路平了，那通往山區的幹道呢？

轉眼間，九二一大地震已經過了十九年，也就是中橫已經管制通行十九年了。生態和人類的共好，是林佳龍很重視的，因此中橫「直接」復修的問題，必須再等等，但對於臨時便道的整修，則要快馬加鞭。

梨山這幾年，元旦都有辦升旗典禮，這是全台最高的升旗典禮。國旗在警界樂團「梨山七匹狼」的國歌聲中，緩緩在高山中升起。林陵三帶領五百多名遊客，對國旗行注目禮。台上的林陵三，看得出風霜，臉上因為神經病毒的侵襲，導致嘴巴有些微歪斜，因而偶被誤認為中風，但他的精神和聲音都很抖擻。

梨山的道路，由於遊覽車及大型重車長期反覆輾壓，路面產生裂縫，部分路基甚至龜裂，影響行車安全，例如通往福壽山農場的福壽路，就是如此。林佳龍和林陵三都堅信，唯有把路弄平，觀光客才會回來，過去兩年已經完成和平區幾條主要道路東崎路、武陵路、福壽路總計 7.6 公里的路平，今年底前還會再完成 11 公里，讓和平區的居民不用再望路興嘆，觀光客也能有安全平適的旅遊體驗。

林陵三在台上許願，要以「安全」為最高原則，努力開通中橫臨37便道，讓遊客在谷關泡湯完後，直接走臨時便道，到梨山採梨，品嚐水蜜桃，大啖甜柿，喝高山茶，不用再繞路。這番話，讓居民紅了眼眶，有的甚至別過頭偷偷抹去不自覺流下的淚水。因為「不用繞路」，意味著臨37便道，不是只讓當地居民通行而已，交通更便捷通暢後，梨山往日的觀光榮景，就能再度回來。

「人不只應該走在光裡面，更要期許自己成為那道光！」

這是林佳龍用來勉勵自己的話，意思是希望自己能成為一盞光，去照亮、去溫暖周遭的人們。「和平專案」的根本精神就是因此而產生的，不管是山區的路平、照明，還是暖氣、簡易自來水，都是要成為光的例證。而這也更加驗證了林陵三的話，林佳龍是個「心很軟」的人。

林佳龍和林陵三相差近二十歲，林陵三初接副市長時，林佳龍喊他「大哥」，林陵三就直接跟他說：「市長，不敢當，不要這麼講。」他表示：「市長就是市長，部屬就是部屬，我們都是替人民做事的人，不需要因為我年紀長，就喊我『大哥』，這會亂了套。」

在說這些的同時，林陵三的手機震動了一下，原來是林佳龍在市政群組裡發了個「讚」的貼圖，林陵三說林佳龍慢慢地把溫度外顯了。「但是，以後可以試著用說的。」說完林陵三自己呵呵地笑。

林陵三說林佳龍常常工作到半夜一兩點：「他真的很認真，很拚命。」還感性地說：「我心疼他那麼辛苦，他卻反而捨不得我年紀大還四處奔波。」頓了幾秒後，林陵三又說：「其實，我們沒有直接跟對方這樣講，這是人跟人之間的感覺，有些話知道就好不用講。」

林佳龍和林陵三間是互相體貼、互相關懷的，這樣的長官、部屬關係，很健康也很幸運。

梨山盛產甜柿、水蜜桃等鮮甜水果，強化基礎建設，可望讓梨山恢復從前的觀光榮景。

Chapter3-2

他為什麼有人跟？

不想讓老闆難堪的部屬

林佳龍有三個副市長、一個秘書長、兩個副秘書長、二十五個局長，四個處長，這些一級主管加一加共三十五人。

「我們龍團隊……」這三十五個人，有時這樣稱呼自己所屬的團隊。

「我們龍」、「我們龍龍」、「龍哥」，這三十五個人，有時會私下這樣叫自己的老闆林佳龍。

這些暱稱，訴說著他們喜歡自己的老闆，也願意一起做事。但很有趣的是，這三十五個人當中，至少有超過一半的人，在進到團隊前，和林佳龍間沒有淵源，頂多有共同朋友。也就是林佳龍在用這些局處長前，只認識他們的專業，根本不

林佳龍的「溫度」不常外露，與台中偏鄉學童共賞棒球賽時，
展現難得的親和與熱情。

認識他們的人；相對地，這些局處長，在進入團隊前，對林佳龍也不熟，最多就是透過媒體了解林佳龍這個人而已。

曾經有媒體對林佳龍下了「和藹不可親，平易不近人」的註解。好幾個林佳龍的部屬都說：「人是需要相處和了解的。」這句話間接證明林佳龍的確不是一個人來瘋型的政治人物。但是，他的溫度來自於他心中永遠留有一塊對人的關懷，他的體貼來自於他時時都要求自己準備好，只為人們需要他的那一天到來。

林佳龍這樣的溫度，這樣的體貼，透過相處傳達給了部屬。

一例一休是什麼？

簡單說就是落實週休二日，但因為台灣中小企業很多，如何兼顧現實與理想，以及如何管理就是門大學問了。

最早版本的一例一休，諸如落實七休一、休息日加班費加碼等等，在二〇一六年十二月二十三日開始施行，但有輔導期。不過，不管有沒有輔導期，台中早在法公布施行前的三個月，也就是從二〇一六年的九月，就開始啟動工業區的座談，一直到十一月。為期三個月的工業區座談，是勞工局長黃荷婷的點子。

而所謂的工業區座談，就是政府「主動」去跟廠商和企業講解新法，不管是內容還是衝擊，都一一地去解釋。

「側重地方性和預防性。」黃荷婷提早告訴勞工跟企業，這個新法對你的權利、義務有什麼影響，過程中，也把勞工和企業的疑惑和困難點，都記錄下來，例如成本增加、中小企業因為人力不足無法排班等等，都如實記錄。

「一例一休的立意是好的。」黃荷婷才說完這句話，就收起笑容，「但配套恐怕不夠，台灣太多中小企業，憂心受不住。」因此一看到修法的走向時，黃荷婷就跟林佳龍報告，她想提早讓業界有所準備，這樣企業和勞工才有可能雙贏，不然到時會是場災難。

在林佳龍的支持下，黃荷婷前進到工業區進行座談。同時，也跟勞工局的同仁教育，以輔導為重。因為新法，已經讓大家人心惶惶了，應積極輔導；因為就算直接開罰，也無法保證業者就會立即改正，甚至官民之間會積怨更深，到時受害的絕對是勞工。

唯有積極輔導，才有可能讓業界知道，其實照顧勞工權益、改善工作環境，都能增加員工向心力並提升工作效率，其結果也是僱主所樂見的，而政府也跟大家站在一起，願意大家一起努力變得更好。

黃荷婷是中央來地方的官員，來台中當勞工局長前，她在勞動部做勞動關係司副司長，之前還做過法務部法律事務司科長，有將近二十年的公務資歷。

在公務體系待久的人，所謂的「積極主動」很容易被官場文化給磨掉，甚至染上官僚的氣息。那黃荷婷怎麼會「主動」啟動工業區座談，還跑在中央和所有縣市之前，開始做宣導的工作？

這個問題，讓學法的黃荷婷笑得靦腆，不好意思地說：「我不想讓老闆難堪。」

黃荷婷精準掌握悉修法的方向，清楚知道這條法例會為企業和勞工帶來一定程度的衝擊，到時所有媒體都會來問林佳龍的看法，看林佳龍是一問三不知還是砲打中央。因此，如果事先沒有做好功課的話，林佳龍就會在鏡頭前，或是報紙版面上很難堪。

一個巴掌拍不響，這老闆到底做了什麼，會願意讓部屬主動積極，為老闆著想？

黃荷婷說：「先從小事講起。」

林佳龍是那種腳步很快的人，而且是無時無刻都很快的那種人。

黃荷婷跟在後頭，一開始是慢慢走，之後都會變成小跑步。可能是因為高跟鞋「蹬蹬蹬」的聲音越來越急促，讓前頭的林佳龍停下腳步，回過頭說：「歹勢，我走比較快……」

「這是小事，但這代表他是一個會替人著想的人。」黃荷婷這麼說。

那麼大一點的事呢？

各行各業的勞工都是社會的堅實支柱、無名英雄，台中市府慎重面對勞安問題，積極輔導業者重視勞動條件和勞工權益。

黃荷婷想都沒想就說：「勞工安全！」

勞安是每個勞工局長的夢魘，因為很多廠商都不大理會，總是出事了才來和官方互相怨懟。黃荷婷說，林佳龍不會讓她自己一個人去面對這些大老闆們。因此，勞安在台中不是等發生事情後才亡羊補牢，而是搶在勞安進入高風險期前，就來場「市長與營造業老闆有約」，成功以輔導業者的次數作為業績指標，而非罰款金額。

勞安會進入高風險期，不外乎是為了趕工，通常過年過節前，會是趕工的顛峰。只要一趕工，工地就容易忽略人員的輪休、安全設備是否完善、ＳＯＰ是否遵照。因此，每到趕工的高峰期，林佳龍就會找營造業老闆吃飯，美其名為吃飯，實際上是林佳龍告訴大老闆們，要注意勞工安全。一餐飯吃下來，本來有違規的，會自己不大好意思，回去後快快改善。

台中的營造業都知道，和林佳龍吃飯，不能只是吃飯聊天，該做的事還是要做；不能只為了自己賺錢，就罔顧勞工安全。不然，後頭的罰款，甚至是停工處分，絕對讓你吃不完兜著走，典型的先禮後兵。

黃荷婷的先生是法官，在台北上班，他們夫妻倆分隔兩地上班，週末相聚時，黃荷婷總是在說工作上的事。「我老公都要吃醋了。」講完黃荷婷自己哈哈大笑。

平常在台中上班時，女兒跟著黃荷婷，兒子則跟著先生。一家人平常無法相聚。但是，黃荷婷說她在林佳龍身上看到希望，因為他不是政客，是真的想做事，還說幫林佳龍就是幫台灣，幫自己的孩子。

這時候的黃荷婷，不是只是勞工局長，還是兩個孩子的媽。

他會跟往生者講話

林佳龍的杯水故事，很多人都知道！

林佳龍以前沒有任何職稱，去參加民眾公祭，名字還排在里長後頭，那時林佳龍就用杯水去跟喪家慰問致意。

杯水代表的是林佳龍願意彎腰，願意傾聽，所謂「誠意呷水甜」。

然而，林佳龍跟喪家的連結，卻非僅止於杯水而已，他還會講話，跟「往生者」講話。

大部分的政治人物去喪家致意，就是拈香鞠躬，安慰「活著」的人，留下情份也拉近關係，鮮少有人會跟往生者講話。

「那是要讓往生者走得安心。」林佳龍說他跟往生者講話，有時是在心裡默唸，有時是講出來，沒有一定，全看當下的情境。

二〇一七年的下半年，對經發局長呂曜志來說很不好過，他的母親因癌症進出安寧病房多次。

林佳龍有天在會議上，突然說：「曜志最近比較忙，下班都要去醫院。」這讓呂曜志又驚訝又感動，因為他沒有跟林佳龍說過母親生病的事，所以不是有人跟林佳龍說，就是林佳龍自己上臉書，默默關懷部屬。

有天，林佳龍在結束海線的座談會後，跟隨扈說要去探視呂曜志的母親。當他到醫院時，已是晚上九點多。

那晚，呂曜志的母親神智清醒，一看到林佳龍就說：「市長，恁那會來……」林佳龍回：「呂媽媽，妳有較好麼?曜志就親像我自己的小弟……」在場的人說，聽到林佳龍這話的呂媽媽笑了。

兩天後，呂曜志的母親病逝，林佳龍去靈前上香。

看著擺放在靈前的照片，林佳龍小聲地說：「呂媽媽，放心喔，我跟曜志會像兄弟共款，互相照顧。」林佳龍在靈前說的這段談話，呂曜志其實沒有聽到，因為他在另一頭哄著哭鬧的孩子。這話，是在一旁的姊姊聽到，跟呂曜志說的。

事後回憶起這段，呂曜志說林佳龍平常絕對不會講好聽話，但在你最需要的時候，絕對不吝於表達關心。

身邊的朋友都說，雖然平常絕對不會講好聽話，但在你最需要的時候，林佳龍從不吝於表達關心。林佳龍則是期許自己和團隊，時時不忘「要求自己設身處地，把資源和錢，給最需要的人。」

類似的事情，還發生在以前幫林佳龍送杯水到殯儀館的小邱身上。

小邱是爸爸，也是爺爺，一大家子的生活起居都靠他。

因為家庭因素，他欠下不少卡費，林佳龍選上市長後，小邱拒絕進入團隊，理由是薪資要是全入銀行帳戶，會被強制執行還卡債，一大家子的生活會馬上出問題。因此，小丘選擇在外頭打工。林佳龍知道後，三不五時要幕僚關懷小邱的現況。

林佳龍的心中，總是留有一席之地，給需要幫助的人。在台中蹲點的那幾年，林佳龍沒有收入，只能靠友人贊助。有一年，眼看就要過年了，那時候的辦公室執行長游湧志，煩惱發不出薪水和年終獎金。就在小年夜那天，林佳龍帶著一筆錢來到辦公室，算一算金額夠發薪水，但發不出年終，就算要發也只能發給一個人。

該發給誰？這是個困難的決定！

林佳龍最後把年終發給了一位單親媽媽，因為其他人不是單身，就是雙薪。這決定，不是說其他人就不需要這幾萬塊的年終，而是林佳龍覺得，這幾萬塊錢的年終，對那位單親媽媽來說更為重要，這是她和孩子能夠過個好年，甚至讓孩子在新學期開學時，有錢繳學費的依靠。

「資源和錢，要給最需要的人。」

「要求自己要設身處地……」

林佳龍緩緩地這麼說。

這兩句話是林佳龍做人的原則，同時也是他的紅線，團隊的天條。一旦有人碰觸這條紅線，對於相較弱勢的人沒有同理心，林佳龍就會不假辭色，請你走路。

他曾經站在街上罵人

台中市議員張雅旻，選區在潭子、大雅、神岡。

張雅旻出身政治世家，舅舅是前立委林豐喜，媽媽是前代表會主席林秀梅，但她卻說她是「林佳龍學校」畢業的。

在還沒當議員之前，張雅旻在林佳龍的市政辦公室當專員，負責組織。跑組織，對張雅旻來說輕而易舉，她從小就在看舅舅和媽媽跟民眾搏感情，因此當林佳龍找她去經營組織時，她很快就答應，心裡想：「經營組織這件事還不簡單？」

但是，蜜月期很短，短到只有一天。

上班第一天，張雅旻就有些懊悔，懷疑自己當初「怎麼會一口答應來上班」？

到底發生什麼事，竟然讓一個從小就在地方打滾長大的孩子，竟會開始卻步？

「你想像過跑地方回來後，還要寫文書報告嗎」？

怕人聽不懂，張雅旻換個說法：「出去跟人比武回來，竟然還要拿筆寫字？」拿筆寫什麼？

簡單地說，就是工作日誌，要記下你今天見了誰，在哪見面，說了什麼，整個互動過程及細節，都要清清楚楚地寫在日誌裡。

政治人物和其助理們，每天見過的人，沒有成千，至少也要破「百」。

張雅旻說，林佳龍要求同仁，對於選民服務，凡走過必留下痕跡，凡見過必記下姓名。

林佳龍除了要求同仁寫工作日誌外，如果跟市民合影留念，也要求同仁要做好筆記，照片要洗出來，每次兩張。一張先讓林佳龍簽名回贈選民，另一張則是留作紀錄，記下名字、備註服務事項，避免將來認不出人，不禮貌、尷尬。

不止要求同仁，林佳龍也要求自己，親自 Key-in 所有見過的重要人士的名片，還在名片上寫滿密密麻麻的註記。

原來，組織戰不是只有人與人的客套聊天；原來，組織戰也是需要科學化管理。張雅旻說她著實上了一課。

有些攻擊林佳龍的人說，因為他很難相處，團隊都沒有資深的人，所以只能用年輕人。張雅旻笑說：「我們團隊當然都是年輕人啊，資深一點的幹部，誰跟你寫作業寫報告？」

「跑外面，需要耗費很大的體能。」

「透早出門，摸黑回家，馬不停蹄，累死人了……」

幾句話道破林佳龍團隊大都是年輕人的原因。

不過，張雅旻在上班兩個禮拜，交了兩次工作報告後，她就不想幹了。

「我想乾脆 fire 掉林佳龍這個老闆。」張雅旻笑著說。

林佳龍市政辦公室當時的目標，是選上立委。

那時是二〇一二年，對手是爭取五連霸的強敵黃義交。

張雅旻負責東區和南區，兩區加起來一共三十個里。

台中市南區的福興宮，是當地的信仰中心。進香完成後，廟方鳴放起馬砲，鄉親們各自上了遊覽車。

那時，聲勢很好的黃義交，早早已經離開，林佳龍和張雅旻則是留下來送車。

所謂的「送車」，就是站在馬路邊，對等著要上遊覽車的鄉親們嘘寒問暖，博一下感情。光這樣還不夠，車子開動後，還得立在馬路邊鞠躬揮手道別。

「大姊妳好！佳龍跟妳問好！」張雅旻站在前頭打頭陣，想幫林佳龍炒熱氣氛。

「阿伯你好！佳龍這次要拜託你成全喔！」

「XX你好……XX你好……」

突然間，林佳龍猛一回頭，對著張雅旻問：「這棟大樓，有位很重要的聯絡人，妳知道是誰嗎？」

這突如其來的問話，讓張雅旻當場愣了一下。

「我回去調一下資料，再跟你說！」

這句回話，讓林佳龍的微笑瞬間凝結，他有點生氣地說：「選情已經很危急了，怎麼還在狀況外呢！」

「我……」張雅旻一時答不出話來，難掩心虛。

她之所以會心虛，是因為她還是用很傳統的觀念在跑地方組織。儘管林佳龍早就叮嚀過她，觀念要改，但一時之間，也許是內心還無法真正體會，也許是想法還沒轉換過來，雖然知道要改，卻還沒有真正去做。

「都來半年，那麼久了，還不知道大樓的聯絡人是誰。」

「我才來兩個禮拜！」張雅旻心中有點委屈地說。

「坦克大軍都已經朝我們輾過來了，還在那裡搞拼裝車……」

張雅旻低頭說不出話，只差沒有當場大哭出來，因為長這麼大，從來沒被人在馬路邊罵過。

「他回過頭，竟還可以繼續對車外的人微笑揮手，我當時都快氣炸了！」儘管已經事隔多年，張雅旻講到這事，還是有些激動。

張雅旻利用空檔打電話給林佳龍的駕駛黃昌平。

「鈴……鈴……鈴……」當時林佳龍在車上，黃昌平瞥見來電者名字，因此不敢接電話。

電話瘋狂地不斷響起。

「沒關係，電話接起來，不要讓它一直響。」林佳龍這麼說。

一接起電話，都還沒開口，電話那頭就傳來張雅旻高八度的咒罵聲！

「X！」這個單音的發語詞，充滿暴怒。

「恁頭家卡我罵，佇路邊罵我！」黃昌平沒敢吭聲。

「恁頭家甘是肖仔，我才來兩禮拜，他跟說我來半年，裝肖仔！」電話另一頭還是無言，只有呼吸聲。

「在路邊罵我，讓我沒面子，是選情緊繃，拿我出氣嗎？」

「黃昌平，你恬恬不講話是衝蝦毀？你幹嘛不理我？」

「尚好麥擱講啦，我我……」

張雅旻意識到林佳龍應該在車上，剛剛自己所講的話，他應該都聽到了。

或許是因為自尊心作祟，張雅旻橫豎啥都不怕，也不想管，於是大聲地說：

「我不幹了啦！」就把電話掛了。

電話掛掉的那一刻，在車上的林佳龍和黃昌平都靜默不語，沒人講話，接著照樣跑行程。

直到回辦公室，林佳龍下車，黃昌平原本看到他已經在按電梯了，因此低頭收拾車上的東西。

「叩、叩、叩……」突然有人在敲車窗。搖下車窗，赫然發現林佳龍就站在窗外。

「今天這麼嚴厲，是希望對她好，我知道她是有天份的年輕人！」黃昌平說老闆用很誠摯的眼神看著他，還拍拍他的肩，跟他說這些話。

一進到辦公室，黃昌平就去找張雅旻，當時她正在打包整理東西！

「他希望我來跟妳說，留下來，不要走啦！」

接著，黃昌平就把林佳龍在下車後，回過身敲車窗，所說的話，包括肢體動作，還有那眼神，如實地跟張雅旻說一遍。畢竟是跟著林佳龍很久的部屬，他是很了解林佳龍的。

張雅旻當下什麼都沒說，只是抓抓自己的頭髮，然後眼眶有些濕濕的。

最後的結果，張雅旻當然沒有離開，不然之後就不會出現一個，說自己是讀「林佳龍學校」的女議員了！

平心靜氣後，張雅旻坦承在那次街頭被罵後，才知道跑基層組織不能再用傳統的方法了——怎麼可以只跑透天厝、廟口和活動中心，沒看到那一棟又一棟的大樓嗎？大樓要怎麼走進去？要怎樣對選民說真話？要如何拋開虛假應酬……這些都是林佳龍教他的！

問她是否在意老闆當時沒有親口說「對不起」，也沒有直接開口留人？張雅旻笑說：「我是很想給他『蓋布袋啦』，但是我知道『他其是愛在心裡口難開啦』！」

對張雅旻來說，林佳龍就是虎爸。

Chapter3-3

從沒放棄過任何人事物

穿西裝跑百米的市長

早上起床，大多數的人是設鬧鐘，不管是用傳統的鬧鐘，還是用手機，就是會設鬧鐘。

林佳龍家裡當然也有鬧鐘，但不知道為什麼他不大會用，他自己也說不上原因，就是不大會用，因此他的鬧鐘就是太太廖婉如。

廖婉如除了是林佳龍的太太，還是奇美博物館的副館長，經常要台中、台南兩地跑，有時因為博物館週末有活動就會不在家。

廖婉如不在家，林佳龍就沒有鬧鐘，非常有可能因此睡過頭。

沒有開玩笑，這樣的事真的發生過⋯⋯

「市長一看到我們，就一直說抱歉。」駕駛黃昌平這麼說。

從此，只要廖婉如不在，幕僚們講好，一到約定的時間，沒看到林佳龍下來，隨扈就要打電話上去，看看老闆起床沒。

不過，這個備案，沒機會實現。

廖婉如有次開心地問林佳龍：「你調鬧鐘了嗎？」

結果，林佳龍回答：「沒有。」

「那你怎麼起床的？」

「我把窗簾拉開睡，天只要一微微亮，我就醒了。」

這回答，讓廖婉如感覺頭上有烏鴉飛過。

林佳龍是個睡覺習慣要全黑的人，把窗簾拉開睡，就無法熟睡。

既然寧願睡得淺，也不願遲到，那為什麼不學調鬧鐘呢？這問題讓平常辯才無礙的林佳龍語塞，跟錄音機一樣不停地說：「會啦，會啦，我會啦。」

某種程度來說，林佳龍是個生活白痴，但他會想盡辦法，讓自己不擅長的部分，不去影響自己的工作日常。因此睡過頭遲到這種事，發生過一兩次，就已經是天大地大的事了，林佳龍要求自己「下不為例」，不能給別人添麻煩。

林佳龍自己不再睡過頭，但有一個人會……

那就是要載著他，南征北討的駕駛黃昌平。

「嘿啊……，我有睡過頭。」黃昌平故作鎮定地說。

「他喔什麼都好，就是有時候會睡過頭……」講這話時的林佳龍板起了臉。講起黃昌平偶爾會睡過頭的狀況，就連廖婉如也是莫可奈何。「他現在是市長，有些重要場合是真的不能遲到的，」然後說：「你可以想像，林佳龍穿著西裝，在馬路上跑百米的樣子嗎？」

有回一大早，林佳龍和人約了吃早餐談市政合作，等了老半天，就是沒等到黃昌平來。叫了計程車，卻因塞車無法即刻就到，心急如焚的林佳龍，自己拔腿就跑，從家裡跑到飯店去赴約。林佳龍打趣地說：「該慶幸早餐會的地點，離家裡不是太遠嗎？」

人真的是很奇怪的動物，因為黃昌平會遲到，通常是前一晚，林佳龍早點讓他回去休息，結果他老兄沒回家，反而是和朋友跑出去玩，隔天一早就睡過頭了。

「屢試不爽。」「扣薪水、懲處，都沒用……」林佳龍講得有些咬牙切齒。曾經有人跟林佳龍建議「換人」就好，結果林佳龍卻說：「他開車真技術真的很好。」「同仁現在都會叫醒他，不會讓我等不到人。」

熟悉林佳龍的人則說，林佳龍不可能換人，因為他知道黃昌平剛當爸爸沒多久，絕對需要工作養家。

林佳龍費盡心思的體貼，黃昌平有感受到，他很不好意思地說：「已經很久沒有睡過頭了。」

黃昌平的例子，讓前副市長潘文忠說：「我沒聽過他把威脅掛在嘴邊。」新聞局長卓冠廷則說林佳龍的名言是：「再讓他（她）試試看。」

回顧林佳龍的過往，除了先前在台中蹲點的那十年外，是很順遂平坦的，也就是一路上都很菁英。照理說，菁英份子很難接受自己或是他人的錯誤，但林佳龍不然，很能夠「包容同仁的錯誤」——文化局主祕楊懿珊說出她的觀察。

在包容同仁做錯事的同時，祕書處長李如芳說，林佳龍會反省自己是不是「沒把人放在對的位子上」。這驗證了卓冠廷的話，林佳龍總是想著「再讓他（她）試試看」。

這樣的老闆很尊重人，期盼團隊可以一起成長、進步。

他很像傳教士

林佳龍家附近的便利商店，每天早上七點左右，都固定會有名男子來買小杯的熱拿鐵。

每天上門來買咖啡的男子，要不是黃金右腳黃昌平，就是他的代班人林慕哲，他們兩個人輪流載著林佳龍上山下海，每天去接老闆前，都會先把早餐準備好。

這天要去接林佳龍的是林慕哲，今天他準備的早餐，除了固定「小熱拿」外，還有個同樣在便利商店買的「菠蘿麵包」。

為什麼買「菠蘿麵包」？

他說：「沒為什麼，因為我今天早上也吃這個。」

原來，林佳龍的早餐，就是駕駛吃什麼，他就跟著吃什麼。

「昨天是蛋餅啦。」

「老闆不挑食，我們買的他都吃。」

林慕哲邊說，邊把《自由》、《蘋果》、《中時》、《聯合》四大報，和剛買好的早餐，一起放到駕駛座後方的座位上。

林佳龍一上車，通常不會先吃早餐，而是先瀏覽報紙。

為什麼還看報紙，不是看手機新聞就好了嗎？

林佳龍覺得光看手機新聞容易誤判，因為看不到版面大小。有時候為了要了解整個時勢脈動、民意走向，還是需要看傳統報紙的標題落版，才能知道議題有沒有人為操作，進而了解為什麼要操作，以及要如何面對和處理。更何況現在手機的即時新聞，常有假消息，也很碎片化。

「決策需要細緻和周延，如果只靠網路和手機新聞就容易偏頗。」林佳龍在電梯裡這麼說。

進到辦公室坐下後，林佳龍邊看資料，邊吃菠蘿麵包，等著要和幕僚開早會。

台中可以變成什麼樣子？
每當談起未來的藍圖，林佳龍總是雙眼發光，
滔滔不絕，就像個傳教士。

啃完麵包後，林佳龍會從包包裡，拿出保溫瓶和切好的水果，放在顯眼的地方。他說這是提醒自己要記得喝、記得吃。保溫瓶裡裝著的是養生茶，這些都是廖婉如的愛心，而此刻她也正在送小孩上學的路上。

「早」一聽到開會同仁進來的聲音，林佳龍馬上拿起筆記本，走到會議區，準備開會。

「那個空汙——」

新聞局長卓冠廷才開口，林佳龍馬上說：「今天在XX報第二版。」

早上拿進辦公室的報紙，真的有看，進而促進思考的，不是拿來做樣子的。手機即時新聞，和社群媒體（Line、臉書等），以及報紙，是林佳龍平常獲取資訊最基礎的工具；閱讀書籍和專家會議，以及思考，則是進階版。

會議上，林佳龍專注聆聽，不時也做筆記。當現實議題都討論完成後，林佳龍經常又會講起他的願景，那就是他希望台中變成什麼樣子，而這個美好藍圖，還要擴散到周邊的城市，甚至是全台灣，總之，那是個共同建設美好家園的願景藍圖。

「有時真的覺得他很像傳教士。」研考會主委柳嘉峰這麼說。

一個經過選舉洗禮，如今手握政策主導權力的台中市長，當年的理想不滅，並沒有因時間而有絲毫褪色，他依舊在講「願景」這種事。

林佳龍的文膽，研考會專委夏耘就說：「很多理想主義的人都會迷失，但他沒有。有時還會反過來提醒我們，別走丟了。」

當知道部屬說他有時很像傳教士時，林佳龍哈哈大笑。

「領導和被領導的人要合體，合體之前一定要經過磨合；磨合之後，也還要繼續升級進化。這個磨合和進化的過程，就需要共同去形成願景。」林佳龍這麼說。

施政想要改變，讓大家感到光榮感，這無法一蹴可幾，得按部就班來。

入主台中市府的第一年，林佳龍不斷地形塑願景，不管是對同仁還是對人民都一樣；第二年是自己帶頭去做；第三年則是執行時一旦遇到困難就危機處理，身體力行，讓大家都可以緊緊跟隨。

林佳龍心中的藍圖很清楚，就是要讓台中成為一個領航中部、進而翻轉台灣的角色，這樣的城市精神，就必須透過願景的領導，把他眼中的視野和部屬分享。因此，只要一有機會他就會像個傳教士，不斷地說……

他為什麼會變胖

林佳龍開會的地方，斜前方有台跑步機。這台跑步機很新，看起來沒用過，插頭不僅沒插上，插頭線上的塑膠袋也還在。

「那是朋友送的，他說我看起來變胖了。」說這話時的林佳龍，還低頭看了一下自己的肚子。

林佳龍會變胖，不是因為吃得好，而是因為數十年如一日的「惜物」個性，然後再加上公務纏身，沒有運動，新陳代謝變差，導致腰圍變得寬廣以示抗議。

下午的會議通常都會準備小點心，可能是因為大家都很認真在開會，導致這些小點心，常常都沒人動，要不就是只吃個一兩口。林佳龍注意到後，他不僅帶頭吃，還會直接開口提醒與會的人「東西可以吃」。散會前如果看到桌面上還有食物，就會要大家「記得帶走」，不要浪費。

經發局長呂曜志跟林佳龍一樣，都是學者出身，他們早在林佳龍還在台灣智庫時就認識，那時呂曜志在台經院。

有回智庫開研討會，一群人住在陽明山上的飯店，飯店的早餐是很台式的清粥小菜。吃著吃著，眼看快到開會的時間，林佳龍看到桌上的清炒高麗菜、蔥蛋等等，都還有剩，就開口說：「大家清一清。」邊說邊動筷。

這讓呂曜志抬頭看了林佳龍一眼，突然覺得自己家中的長輩在叮嚀自己不要浪費時，就都是這樣說的。

老一輩的台灣人說，「惜物」的人，很「惜情」，這樣的人比較「無私」。

二〇一〇年台中縣市合併升格，已經在台中蹲點五年的林佳龍，為了大局沒

朋友都說，林佳龍變胖了！林佳龍會變胖，不是因為吃得好，而是因為數十年如一日的「惜物」個性，他甚至像長輩一樣有「清剩菜」的習慣；再加上公務纏身，缺乏運動，新陳代謝變差，腰圍便日益寬廣，以示抗議。

爭，讓給蘇嘉全選。呂曜志說，林佳龍不是只有禮讓而已，還把自己的政見和人脈，毫無保留地全盤交給了蘇嘉全競選團隊。

「他那麼大方，我真還有點介意。」呂曜志說經濟和產業那一塊，他有參與。在說這段往事時的呂曜志，心情似乎略有起伏。因為他起初有點不甘願，最後看林佳龍真正是在用心輔選，甚至沒抱怨，他才釋懷。

胸懷願景的人，當時怎麼願意讓？

林佳龍笑著說，他的確有捨我其誰、當仁不讓的勇氣，也都擘畫好台中未來的藍圖了，但權衡一切後，那時的蘇嘉全，的確比他更有機會幫民進黨拿下台中，但前提是黨要先團結，為了讓「黨」贏，就該有成功不必在我的胸襟。

如果說捨我其誰、當仁不讓，是一種豪氣和自信的展現，那麼成功不必在我，則是有著一種為大局著想的無私高度。這兩種特質，林佳龍的太太廖婉如說林佳龍都有，因此他嚴以律己，時時做好準備，默默在一旁「不傷人」地等待。

「他捲得動身邊的人來幫他。」

文化局主祕楊懿珊則說林佳龍的無私特質，會感染其他人，無形中壯大了團隊。

林佳龍具有一種為大局著想的高度，
以及捨我其誰、當仁不讓的豪氣，也成功捲動身邊的人，
市府團隊上下一條心。

Chapter3-4

通關密語那就是愛

喜歡模仿老闆的祕書

台中市府的九樓，是林佳龍和副市長們的辦公室。

一進到市長室，先看到的是辦公室主任和幾個祕書的辦公室。往左邊走，則是林佳龍的辦公室，他用巨型的架子，隔出會議區和辦公區。

一個架子，有兩種風格。

架子，靠辦公桌的那一面，擺放許多書籍和資料。資料用藍色的檔案夾裝著，上頭清楚寫著分類；靠會議區的那一面，擺放著別人送的畫作、玩偶、紀念品。不管是哪一側，全都由林佳龍自己親手整理、擺放！

「我很喜歡看他整理那片玩偶牆。」

民政局長游湧志說那些玩偶，其實都是小東西，但林佳龍願意親手整理，代表著他重視送禮的人的心意。

高愛動是辦公室安排市長行程的祕書，有次要去跟林佳龍 Check 行程時，才一走進辦公室，就看到林佳龍彎身在玩偶牆前，像是在整理什麼東西似的，嘴巴還念念有詞：「換轉這邊，才看得到。」

走近一點看，原來林佳龍是在喬一隻玩偶的角度。

「這樣，你看得到它的臉嗎？」林佳龍一回頭看到高愛動，馬上就這麼問。

「嗯！看得到啊。」高愛動馬上這麼回，但他心裡卻默默這麼想：「最好有人會注意到啦。」

講述這段過程的高愛動，不是只用講的，而是唱作俱佳地模仿林佳龍的語氣和動作。

看見他唯妙唯肖的肢體動作，辦公室的人都爆笑出來。

「你們這裡怎麼這麼歡樂啊。」林佳龍推開辦公室旁的貴賓室門走進來，他應該是在外頭聽到陣陣傳來的笑鬧聲。當下高愛動正在說：「恁家少年ㄟ……是誒衝蝦會，我愛擱卡恁服務喔。」

剎那間，幾個年輕幕僚全傻住了，瞪大眼看著林佳龍。林佳龍自己則是對高愛動講的那句話似曾相識，因為那是他平常「唸」他們的話。

「你們吃飽沒?」林佳龍問。

「有買了,等一下吃!」幾個年輕祕書,異口同聲地回答。

林佳龍只回了聲「好」就轉身離開了,幾個年輕祕書們則是放聲大笑!

這些年輕祕書,都是太陽花世代,有幾個和林佳龍一起打過市長選戰,有幾個則是剛加入不久。有趣的是,他們都是一個拉一個進來團隊的,像是高愛勳就是拉張子霖進來。

張子霖來之前,根本不認識林佳龍。來了之後,看到林佳龍做事的態度,才慢慢理解好友高愛勳為什麼那麼喜歡跟著林佳龍做事,他在這裡感受到進步的力量。

這幾個年輕祕書,有時會跟著林佳龍到外縣市參訪。

有次高愛勳陪著林佳龍,去為花蓮市長補選助講,下午是掃街,晚上參加造勢晚會,一整天都沒停過。

回程時,他們先坐車到台北,再從台北搭高鐵回台中。

高鐵上,林佳龍和高愛勳坐在一起,當車上的服務人員,送來小點心時,高愛勳幾乎是馬上就吃完,因為太餓了。這時林佳龍默默地把自己那份遞給高愛勳說:「來,你多吃一點。」

「那是桂圓蛋糕……」高愛勳說林佳龍給的蛋糕就是這個口味。

那天的桂圓蛋糕滋味，高愛勳說他會記很久，而且就算是想忘也忘不了！他知道那個桂圓蛋糕是老闆對他一天辛苦的感謝與肯定，雖然沒說出口，但是他感受到了！

「我那天一個人拍照、錄影、錄音、記錄，還寫文字稿，我想他都看在眼裡。」

高愛勳清楚知道，林佳龍不是那種會把「你好棒棒」掛在嘴邊的老闆，但每次看他想表達稱讚或是關心自己，因為有點「害羞」而說不出口的樣子，都會讓他覺得很療癒——因為平常這麼嚴厲、要求這麼多、這麼龜毛的老闆，竟然也有罩門！

一張用名片書寫的情人節卡

游湧志——民政局長，之前則是市長室的辦公室主任。

林佳龍和游湧志，他們在一起工作，超過十個年頭。

十年這個數字，代表著游湧志從林佳龍都還沒有任何職稱的時候，就跟著他，當他的幕僚了。

游湧志以前是開平高中的輔導組長，當年怎麼會放棄教職來當幕僚？

那是二〇〇五年，林佳龍第一次競選台中市長失敗，正是樹倒猢猻散的時刻，游湧志還願意跳進來火坑，絕對需要點勇氣。

屬於六年級前段班的游湧志，四十出頭歲。這年紀的人，成長於保守力量和進步力量相互激烈拉扯的年代。

相較於五年級生和七年級生，六年級生參與政治的人沒有那麼多，這是因為攸關台灣民主進程的野百合學運，六年級前段班的人，那時差不多是高中生，那時的社會氣氛，不管是在家庭或是在學校，對高中生都會更加嚴格控管，所以六年級前段班的人，相對沒那麼衝，甚至比較壓抑。

在一場朋友的聚會上，林佳龍說：「大家都認為政治是個大染缸，甚至是一缸深不見底的黑墨水。但是，大家都對現狀不滿意，卻沒有人想去改變，光是在那裡一直罵，好像完全事不關己，那麼請問現狀會改變嗎？如果我們自認是清水，是不是該一起來跳進這墨水缸，我跳，你跳，他跳……越來越多人跳進來，一起攪動它，中和它，那麼這原本黑黑的大染缸，是不是就會慢慢變成灰色的，甚至有一天可以變清？」

當年就是聽到這段跳墨水缸的比喻，讓游湧志毅然決然到台中幫林佳龍做事，一起走過人情冷暖，盼望有朝一日取得政權，善用人民賦予的權力，為大家多做點事。

現在林佳龍進入台中市府上班，游湧志每天都聽到駐衛警對著林佳龍喊「市長早」、「市長好」，有時難免有恍如隔世的感覺。

林佳龍的生日是二月十三日，和西洋情人節只差一天。

水瓶座的他，是不是和大家認知的水瓶男一樣，溫柔得很？故事，要從市長室旁的小組會議室說起。

小組會議室，之於林佳龍的市政團隊，是一個充分討論政策的地方，管你是要溝通還是辯論，就都在這裡進行。

這間會議室，就像蔡英文的戰情室、柯文哲的軍機處，會議常常從早開到晚。不過，它沒有個閃亮的名字，就叫「小組會議室」。

林佳龍常常利用這個空間，把一個政策相關的局處長找來開會。這樣的會議，既不像市政會議那麼大——必須所有人到，又不像幕僚會議——人那麼少。這是一個開會人數介於市政會議和幕僚會議間的討論會議，因此就取名小組會議。

有一年的七夕情人節，林佳龍到快傍晚時，才結束行程回到辦公室。

他老兄應該沒有意識到這天是什麼節日，因為他在這天晚上 Call 了好幾個會，最後結束的時間，都已經晚上九點半了！

時任辦公室主任的游湧志在會議結束收拾完東西準備回家時，在臉書上寫著：「我熱愛我的工作，但絕不是今晚！」他為自己這個被會議填滿的情人節夜晚，哀悼了一下。

隔天來上班，游湧志赫然發現桌上有張名片，那是張上頭印著「市長　林佳龍」字樣的名片。

名片的空白處，寫著密密麻麻的字。這字，游湧志很熟悉，那是老闆林佳龍的字。

湧志：情人節快樂！還好有看到你的臉書，趕在昨晚凌晨之前給婉如一個擁抱，送你玫瑰園茶具，感謝。

龍

「這算是老闆的另類道歉嗎？」游湧志笑著點點頭！

游湧志把這張「名片情人節卡」放在皮夾裡，每當自己被林佳龍搞得很煩、很氣時，就拿出來看一下，深深吸口氣，繼續工作。

林佳龍是一個不習慣也不擅於把關心或稱讚掛在嘴邊的老闆，偏偏他又是個工作狂，重大節日都會忘記，甚至還排滿工作，由此就可以知道。

其實，不少人提醒過林佳龍，要適時地放慢腳步，好讓人跟上來；偶爾要懂得誇讚別人，要讓部屬感受到溫暖。不過，他還是經常會忘記。

會忘，不是因為他性格冰冷，而是要做的事情太多，做完這件，還有下件，幾乎沒有喘息的空間。再者，就是他個性就本來就比較木訥，也不太會跟人聊

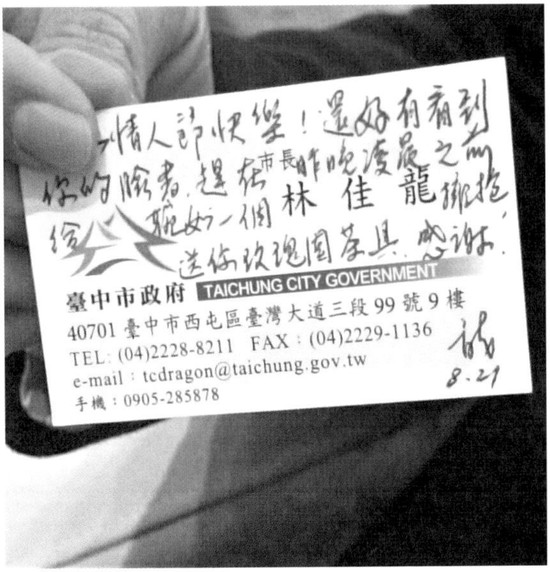

某年的七夕情人節，林佳龍應該沒有意識到這個節日，一連 call 了好幾個會，最後結束都已經晚上九點半了！時任辦公室主任的游湧志在臉書上寫著：「我熱愛我的工作，但絕不是今晚！」隔天一早，游湧志赫然發現桌上出現了這張滿滿是字的名片。後來，每當自己被林佳龍搞得很煩、很氣時，游湧志就會拿出來看一下，深深吸口氣，又有了工作的動力。（圖片：游湧志提供）

天哈啦，儘管他明明很關心別人，也經常會替別人著想，可是你很難看得出來。

林佳龍成長在人來來往的裁縫店，家裡有很多學徒。照理說，這樣環境長大的孩子，應該很會做生意，怎麼林佳龍會如此拙於人際關係？

「我爸爸的布尺，不知道打斷幾根。」

林佳龍說他的爸爸是嚴格的父親，也是嚴格的師傅，那布尺打他，也打徒弟。

林佳龍的父親，對兒子的功課、對徒弟的技藝，都有超高標準的要求，經常是期望有多深，打得就有多兇。儘管小時候愛玩，在外面野得很，一旦回到家，林佳龍就會收斂起情感或感受。雖然家裡有很多學徒，但因為大家都很苦悶，所以也無法真正地談天交心。像他這樣的「身分」，在自己家裡反而變得很低調很內斂。你說他是「頭家囝仔」，好像對，又好像不對，畢竟是勞工家庭，能有什麼少爺派頭？所以他夾在中間，一方面很清楚父母親的辛苦，另方面也很同情來自鄉下學徒的苦痛，這種處境，型塑他一種微妙的性格——好像是來自底層，又彷彿是貴族的矛盾氣息。

林佳龍的朋友都知道，他向來比較同情弱勢，但又有菁英的特質，不論是在求學期間，或是踏入政治圈，他的確不同於一般傳統的優秀人物。

有的老闆熱情如火，能讓人馬上感受到溫度，像林佳龍這種不溫不火的人，算不算是從政的一大弱點呢？

「私下給你鼓勵稱讚，這方面他很弱啦，但自然就好，也不能裝……」交通局長王義川說。

「大家互相，知道就好，其實那是他對人的尊重。」勞工局長黃荷婷說。

林佳龍的幾個局處首長都說過類似的話，都強調不要勉強，凡是「自然」最好。

「自然就好吧，你看他酒也不會喝，客套話也不會講，如果哪一天他也變成滑頭，只會演講，那人民恐怕都要離他遠去了！」林佳龍的一位老同學這麼說。

「誠實自然」，其實也就是林佳龍做人處事的最基本特質。

Chapter 4

初衷的防腐劑

堅持初衷
讓人不致迷失在權力的變幻遊戲裡。
初心不變，
是檢視一個人品格最有力的標準。

府經濟

Chapter4-1

他的初衷是這樣感動人的

台中市府有位員工叫蕭峰賢，他在二〇〇九年莫拉克風災時就加入林佳龍團隊。

莫拉克風災重創高高屏，當時在台中蹲點的林佳龍，發起送物資到南台灣的活動，同時也徵求志工。蕭峰賢就是那時來的志工。

那是蕭峰賢第一次和政治人物這麼接近，他眼中的林佳龍就是斯文、博學，和人接觸時還會帶點木訥的味道，但林佳龍裡對災民的關心，卻深深震撼著蕭峰賢。

那幾天的接觸，蕭峰賢偶爾會從林佳龍口中，聽到他所描繪的台中願景，讓他這個土生土長的台中小孩打從心底想要支持他，甚至想跟他一起工作，共同為台中的願景打拚。

蕭峰賢不是只有想而已，還真的付諸行動。

二〇一〇年，台中縣市合併升格，蕭峰賢下定決心要進到林佳龍團隊，偏偏這時他收到兵單。為了一起打贏這場選舉，結果他自己偷偷跑去辦理緩徵，事先完全沒有跟家人講。

報到前蕭峰賢還刻意去理了個大光頭，也在前一天假裝收拾行李，甚至連家裡為他辦的餞行大餐都吃了。他心中的盤算是，隔天一早，媽媽應該這會送他到車站，然後就互道再見。等媽媽走後，他就直接去林佳龍那裡上班。

結果，人算不如天算，媽媽不僅送他到車站，還買了月台票，說要在月台上跟寶貝兒子說再見。

月台上，滿滿的役男。有人離情依依地和女友擁抱，有人低頭聽著媽媽的愛心叮嚀。

隨著列車進站的時間越來越逼近，蕭峰賢就越發地手足無措。最後，心一橫，只好在月台上跟媽媽從實招來。

「其實，我沒有要去當兵，我要先去林佳龍那裡上班。」

蕭峰賢說媽媽當下驚呆了，眼睛睜得超大。她應該是覺得兒子是瘋了，還是信了什麼邪教，竟然連辦緩徵都沒跟家裡商量。她當場就把兒子拽回家。

隔天一早，蕭峰賢的父母衝去林佳龍的市政辦公室興師問罪。那時的辦公室主任就是游湧志。游湧志看到怒氣沖沖的曾家兩老時，一度傻眼，說不出半句話。因為他根本不知道發生什麼事。一問之下，才知道蕭峰賢瞞著父母辦緩徵，只為了幫林佳龍打二〇一〇的市長選舉，想一起圓夢。

因為蕭峰賢的緩徵已經辦了，游湧志當下也只能跟曾家父母保證：「會好好照顧峰賢，絕對不會讓他變壞。」

很可惜，二〇一〇年的選舉，最後並不是由林佳龍代表民進黨參選。到那時，蕭峰賢這才乖乖地去當兵。

「為什麼會這樣喔？……就是覺得他是我學習的對象啊！」蕭峰賢搔著頭，回憶自己當年不去當兵的初衷。

快退伍時，有天蕭峰賢放假在家，突然接到林佳龍親自打電話過來，想邀請他退伍後到辦公室上班。蕭峰賢說，聽到電話那頭的人說「我是林佳龍時」，他的心臟幾乎就要跳出來，到現在都還記得那天撲通撲通的心跳聲，及超級興奮的心情。

蕭峰賢，當年二十出頭的大男孩，如今已經三十多歲，是一個孩子的爸了。這麼多年過去，他還是留在林佳龍的團隊裡。他說林佳龍想讓台中變好的初衷，始終沒有改變，他一定要繼續陪同他一起奮鬥下去！

2009 年莫拉克颱風重創高屏，當時在台中蹲點的林佳龍，
發起送物資到南台灣的活動，同時也徵求志工。圖為當時響應賑災的志工，
蕭峰賢也是那時加入的志工之一。

Chapter4-2

當人家朋友的初衷

持續戰鬥的堅定

林佳龍一九六四年次，李宣毅一九八〇年次，他們相差十三歲。林佳龍之於李宣毅，是朋友，也是哥哥，他們因為價值觀相同而成為好朋友。

二〇一二年，林佳龍剛選上立委那一兩年，台灣社會的工運，在那時因「關廠工人」議題，再度被喚起，沒多久就又發生「洪仲丘案」。那時幾個年輕律師諸如邱顯智、李宣毅、黃帝穎等人，就集結起來，幫這些弱勢者提供法律諮詢。

剛開始，他們拜訪多位民意代表，但大家都只是口頭上說支持，等到需要實質幫助，例如提供服務處地點，以作為他們的集會地，或是對外的聯絡處時，大家就開始藉口閃避。

原來，許多人看似擁抱進步的價值，但骨子裡其實是保守怯懦的，對於要衝撞體制這種事，大都敬謝不敏；他們頂多可以做到不說風涼話，但說到成為盟友，那就是另外一回事了。

碰壁多次後，黃帝穎想到了林佳龍。沒想到，才一聯繫，表明來意，林佳龍根本沒多問什麼，就一口答應！

林佳龍提供在宜寧中學附近的服務處場地，那裡就成了他們幾個年輕律師的根據地，名片上的聯絡電話和地址，就在這裡。

「我們開始有了扁平化的組織連結。」李宣毅說。

在這之前，他們都只是各自單打獨鬥，力量無法匯集。

「那裡有張桌子是我們的。」

那時候，關廠工人的案件和洪仲丘的事件，都如火如荼地在進行中，不管是要分析案情，討論訴訟攻防，或是對媒體的態度和方向等等，李宣毅他們天天都去服務處報到。

李宣毅說，他是透過這樣的近距離觀察，才更加認識林佳龍的。

很多人看林佳龍的背景，因為廖婉如娘家的關係，都以為他們一定資源豐富。其實不然，他們的資源也非常有限。

「沒多少人啊……，就他們夫妻兩個，和幾個工作人員而已。」

李宣毅他們長期在林佳龍提供的服務處聚會，發現他那裡只有兩種工作人員：一種是做人處世超周到，講話更是溫暖體貼的老志工；另一種是初出社會，很有熱情的年輕人。但不管是哪一種工作人員，每次加起來都不會超過五位，而且有的還是兼差，並不是全職的。他們知道林佳龍二〇一四年還要再選一次市長。以這樣的資源，李宣毅說：「我真的覺得很辛苦。」

第一次和林佳龍吃飯，在接近約定的時間，李宣毅站在餐廳的門口等，他原以為會先接到祕書隨員或是司機打來的電話說「委員，幾分鐘後到」之類的，但左等右等電話都沒響起，直到離約定時間剩三分鐘左右時，揹著包包的林佳龍本人出現了，嘴裡還嘟噥著「走，吃飯去。」李宣毅嘴裡儘管回說：「喔，好，好……」心裡卻滿是詫異地想：「怎麼這麼沒架子」。

人是互相幫忙的，在看到林佳龍的狀況後，李宣毅、邱顯智、黃帝穎等人，主動說要幫林佳龍做選民服務，他們自己排班，固定來服務處做法律諮詢。

在他們這群年輕律師中，有位叫做柯劭臻的環保女律師，多年來為了環保，不斷跟政府和大財團打環保官司，儘管十打九輸，她還是意志堅定地去做她認為該做的事。

柯劭臻對於台積電在中科設廠是很反對的，認為這會對環境造成影響，因為台積電的新廠要用電四十億度，這會讓空汙更加嚴重。因為電得從火力發電廠來，中火的煙囪，還是得繼續冒煙，甚至還要移植一片樹林來蓋廠。

乾淨能源的出現速度，目前還「趕不上」人們用電的需求，因此在限制台積電用電這項議題上，林佳龍和柯劭臻是站在對立面的。

不過，柯劭臻曾經是台中市政府的法律顧問，甚至林佳龍還曾經頒過感謝狀給柯劭臻。柯劭臻親自出席領獎，和林佳龍握手時，他們互道「辛苦了」。

林佳龍還笑著問：「還要繼續抗議嗎？」

柯劭臻也笑著說：「對喔！」

過程中，沒有任何火藥味，也沒有任何怨懟。林佳龍和柯劭臻一樣是朋友，一樣繼續在自己的崗位上，各自做該做的事，絲毫無損於彼此的關心。

對於別人和自己的看法不同，林佳龍會試著去溝通，去講道理，但不會去強求或是強迫人家，更不會因此傷了和氣，壞了過往大家一同為人民打拚奮鬥的情誼，儘管角度和思考方向不同。林佳龍相信有些事，就是需要時間來溝通，他的尊重和等待哲學，練得很徹底。

很多時候，在尊重和等待過程中，充滿了很多的不確定性，就像那流水一樣，抓不住也摸不著，往往會磨掉一個人的堅持，忘了初衷，有時候甚至會變成鄉愿，甚至隨波逐流。

林佳龍就是意志很堅定的人，一旦確定了目標，不管是逆境還是順境，都會為這目標去努力，並且試著去感染他人一起來參與。

「他很清楚自己要什麼，也知道要往哪裡走。」

「他想得比別人多，視角永遠跟我們不同。」

李宣毅說林佳龍就像傳統的爸爸、哥哥那一輩的人，在堅持目標的背後，都會在過程中慢慢感化你、融化你，讓大家一起前進。

當初白衫軍走上街頭前，沒人知道軍審法究竟修不修得成，李宣毅說他們幾個年輕律師，每天都急得像熱鍋上的螞蟻，因為消息紛亂，時時有不同的消息傳出，搞得大家信心喪失殆盡。

對此，林佳龍其實也沒有十足的把握，但他沒有打馬虎眼，或僅是單純的安慰，反而是很明白地告訴大家，就算這次不成，「就算彈盡援絕也都會有價值」，因為喚醒了社會大眾的注意。

面對這種「持續戰鬥」的鼓勵，李宣毅他們一群人大聲地回說：「好，對！」而這種「持續戰鬥」的鼓勵，林佳龍不是只對朋友，也對他自己。

凡事盡最大努力，就算無法一次就成功，也絕不喪志。因為只要有一點點進步，或是能夠喚醒不理盲的人，就算是只有一個、兩個，也就有價值。

一個內在強大、心理素質堅強的人，是會讓人感到安心的，因為不管遇到什麼困難，這樣的人總是樂觀以對，不會讓自己或團隊唉聲嘆氣、坐困愁城。

林佳龍說，他不會讓自己一直深陷在一件煩心的事務中，當下如果解決不了，那就先放著，暫時去忙另一件事；等回過頭來，事情總是能迎刃而解。要解決事情，有時候需要的是時機和時間，再急也沒用。

在相處的過程中，李宣毅發現林佳龍儘管天天行程滿檔，根本沒有所謂的休閒活動，但他卻從來沒有感覺到林佳龍有「撐不住」的感覺，面對任何人還是都笑笑的，這讓他不得不佩服林佳龍的心理素質。

「他從來沒有把盔甲脫下來，就一直是處於戰鬥狀態。」李宣毅對林佳龍做了這樣的註解。李宣毅說林佳龍沒有逼迫人，那是他對自己的要求，但無形中那股意志力，最後總會感染給身邊的人，讓大家一起進步。

至於講到洪仲丘案，大家應該都記得洪家門前總是有一大堆政治人物的情景。洪仲丘的姊姊洪慈庸說：「你知道嗎，我弟弟的事情發生時，林佳龍幾乎沒有來過我們家誒。」

可是，林佳龍不就是第一個幫洪家組律師團，還讓律師們在他的服務處有個辦公區的人嗎？林佳龍不就是第一個提出軍審法修正草案的立委嗎？那林佳龍怎麼會幾乎沒去過洪家呢？

「我有去啦，不過是在事情比較淡化，都沒有媒體在洪家守候時，才親身去的。」林佳龍說他不想搶鏡頭，只是行所當為而已。

體貼就是不為難人

「我姓聶，你光看我這個姓，就知道我們全家都是藍的。」講這話的是律師聶瑞瑩。不過，她現在是林佳龍的支持者，也是林佳龍夫妻的好朋友。

以前的林佳龍，對聶瑞瑩來說，就是一個偶爾會出現在電視上的學者官員，看起來很會讀書、口條也很好，是個形象還不錯的奶油小生，但「我不覺得他看起來有抗壓性」。

聶瑞瑩對林佳龍一開始的印象，不能說好，也不能說不好，頂多就是普普通通。會變成朋友和支持者，這中間的轉變，得從一個悲傷的車禍事件說起。

二〇一二年六月二十七日，國道一號台中段發生一起嚴重車禍。

懷胎八個月的葉貞妤，被後方的砂石車撞翻，導致葉貞妤頭下腳上，脖子被安全帶勒住，而且長達十八分鐘才被救出。送醫後，連麻藥都來不及打，就緊急剖腹生下孩子，自己卻成了植物人。

葉貞妤就是聶瑞瑩的弟媳。

醫生告訴聶瑞瑩，葉貞妤是被安全帶勒昏的，這讓聶瑞瑩又氣又難過。

因為肇事司機當下如果沒逃，能停下來看一下，也願意把安全帶解開，而不是拖到十八分鐘救護車抵達後，才解開勒住葉貞妤的安全帶，葉貞妤就不會變成植物人，也可以親手抱抱自己的孩子。

「為什麼肇事者要逃？」

「良心難道不會不安嗎？」

這樣的問題，那時也常折磨著聶瑞瑩，有時真的是越想越氣，甚至是夜不能眠。再加上那巨額的醫藥費，都壓得聶瑞瑩和弟弟快喘不過氣，只能拿著房子去銀行抵押借款。

聶瑞榮原本對林佳龍的印象只是一個很會讀書、口條好的「奶油小生」。

聶瑞瑩嘆口氣說，自己那時已從華航的空姐，轉行到外商公司當法務律師，收入算很不錯了，但還是感到壓力很重，急到有時候幾乎想要「跳樓」。

醫生勸她：「你是律師，都要跳樓了，那其他人怎麼辦？」

是啊，那其他人怎麼辦？

有個婦人在台中榮總附近賣蔥油餅，她的孩子也是被肇事逃逸的大貨車撞死的。這名婦人的孩子，當時需要打萬元起跳的自費針，卻因為家境不好，只能眼睜睜地看著孩子慢慢在病床上嚥下最後一口氣。在這名婦人的眼眸中，聶瑞瑩看到了悲憤和自責。

「我不是不愛我的孩子，但我沒有能力啊！」這名婦人的哭喊，再加上弟媳的遭遇，讓聶瑞瑩挺身而出推動修法，想嚇阻悲劇繼續發生！

修法？修什麼法？修肇事逃逸者的刑責！

聶瑞瑩說，在法庭上聽到把弟媳撞成植物人的肇事駕駛說：

「像我們這種大車，撞到人是不可能會有感覺的。」

「我身高一六二，坐在上面根本看不到自己有撞到人，我真不知道有撞到……」

她聽後簡直快氣瘋了，因為這名駕駛「死不認錯」，就是要否認自己有逃逸的動機。

該說這是良心被狗吃了嗎？

有時候「法律」本身會讓人「選擇」做出泯滅人性的行為，因為肇事「刑責過低」，在這前提下，當然能逃就逃，能撇清就撇清。就肇事者的立場來說，想逃都來不及了，怎麼還可能留下來看被害人一眼，一旦傷重沒死，很可能會一輩子都賠不完！

法到底有多輕？

肇逃的刑責，以前是六個月以上，五年以下。

過去，台灣平均每天發生六．四件車禍肇事致人死傷而逃逸的案件，一年超過兩千起。當中，被判刑六個月有期徒刑的，竟然有六成的人可以易科罰金了事，這不是變相鼓勵肇事後趕快逃，反正可以罰錢了事，不會被關嗎？

在刑責過輕的情形下，要肇事者以救護被害人為第一優先要務，無疑是緣木求魚，因此唯有提高刑責，讓肇逃不再可以易科罰金，一定得去坐牢，才有可能根絕肇逃這種事。刑法規定，一年以上的刑期，無法易科罰金，因此提高肇逃的刑期到一年，是件重要的事。

「我要讓他們知道，當你選擇逃跑，那你就準備坐牢吧。」

「不再有易科罰金的便宜之事，你有可能因為當場逃跑而被關，你選擇留在現場反而最能自保。」

「你當場趕快彌補已經發生的悲劇，你願意賠償受害者，避免後續傷害擴大，你就有機會獲得緩刑。」

這幾句話，聶瑞瑩都說得斬釘截鐵。

不過，在聶瑞瑩奔走修法的過程中，不是被恐嚇，就是被瞪白眼，要不就是碰了一堆軟釘子。

恐嚇是來自類似大客車業者的職業團體。

那時，聶瑞瑩的弟媳和剛出生的侄子都在加護病房，她和弟弟會輪流睡在醫院的走廊守護，每到半夜，就會有幾個穿著打扮像是黑道的男子來說：

「修法喔，小心家裡失火。」

「柯媽媽兒子墳前的草，長得都比你高，你修法也不會過啦。」

來自大客車業者的恐嚇，聶瑞瑩其實早有心裡準備，因此當真的遇上時，反倒沒那麼怕，反倒是有些民代的虛應或軟釘子，讓她心灰意冷。

「我們家不是藍而已，是祖母藍。」

「我們家有繳黨費，不是失聯黨員。」

因此，事情一發生，聶瑞瑩很自然地就是先去找國民黨立委，更何況那時中央是國民黨執政。但是，找了一輪後，卻讓她驚訝這個她從小就支持的政黨，竟會對她如此地冷漠。因為當時幾個國民黨的台中立委，不是避不見面，就是聽她講完修法的訴求後，就毫無下文、不再聯絡。

儘管如此，聶瑞瑩對於當初願意見她，起碼願聽她講完的國民黨立委，還是心存感謝，因為她知道大客車業者「也有去找他們」。

有天，聶瑞瑩才剛到醫院的加護病房外，小護士跟她說：「林佳龍要來。」那時她也沒放在心上，反正就是見面聊聊，根本不抱任何希望。

「他就一個人來。」

「醫院根本沒有地方談，所以我們去禱告室。」

在那間有著耶穌像的禱告室裡，林佳龍清楚地告訴聶瑞瑩，他支持提高肇事逃逸者刑責的修法，他會在立法院裡大力推動。

聶瑞瑩睜大眼睛說：「我們家是泛藍的。」

話還沒說完，就被林佳龍打斷：「我是個父親，我自己也有小孩，我也有家人，我可以感同身受。」

「對的事情為什麼要分顏色？」

聶瑞瑩說講這些話的林佳龍，當場把她給震懾住了，覺得：怎會有人這麼有正義感？！

當時，民進黨在台中就只有林佳龍和蔡其昌這兩個立委，在林佳龍單槍匹馬主動來關心，承諾會協助修法後沒多久，蔡其昌也說會盡全力幫忙。

連著兩位立委願意協助，聶瑞瑩那時是感動到想哭，現在則是開玩笑地說：

「蔡其昌的眯眯眼很認真，也很有魅力。」

儘管有兩名立委協助，但提高肇逃刑責的法案，還是一波好幾折。因為大客車業者也不是省油的燈，遊說、恐嚇、斷銀根等等手段，都是同步在進行，而且業者不是只找立委，還去找黨團。因此，曾經一度法案已經排進議程，無奈最後還是被抽掉。

這件事發生當天晚上十一點，林佳龍打電話給聶瑞瑩。

「我以為他是打來說放棄的。」

「結果，他一直跟我說抱歉，自己努力不夠之類的。」

聶瑞瑩說那通電話，讓她決定將成為林佳龍永遠的支持者。

之後，林佳龍更加用力地辦公聽會，積極串聯立委來支持修法，也持續給各黨團施加壓力。

好不容易各黨團都沒意見，也不擋了，最後卻換成跟法務部作戰。那時的法務部長是曾勇夫。

「你看過林佳龍拍桌子嗎？」

「很多人一定沒看過！」

聶瑞瑩自問自答。

「他對曾勇夫怒拍桌子。」

聶瑞瑩說那時法務部對修法並不是很贊成，因此並沒有排入優先法案。為此，林佳龍大為抓狂，他跑去司法法制委員會拍桌子：「如果不過，我下個會期就換來這個委員會，跟你耗到底。」當時，不是只有曾勇夫嚇到，其他在場的立委和助理們也全都愣住了，有人還「揉揉眼睛」以為看錯了。因為拍桌和嗆聲，都不是大家熟悉的林佳龍風格。

那時，社會新聞也經常報導酒駕肇逃的事件，整體社會氛圍有利修法。在奔走將近一年後，最後終於修法成功，把肇逃罪的刑度提高為一年以上，七年以下，且不得易科罰金。從此，肇逃再也不能花錢了事！

在宣布修法成功的記者會上，坐在正中間的是司法法制委員會的召委廖正井，林佳龍則是坐在角落。這樣的安排，聶瑞瑩有些過意不去，她覺得這樣有被「收割」的感覺。

但是，林佳龍說：「召委的確幫很多忙啊。」

這一切聶瑞瑩都看在眼裡，她說林佳龍有著「阿甘精神」，傻傻地付出，只求事情能成就。

聶瑞瑩衷心覺得，有林佳龍這樣的朋友真是她的榮幸。

Chapter4-3

當人家老公的初衷

那是老婆的嫁妝

在台中西區租屋十年的林佳龍，終於買房了，地點一樣在台中西區。以前的租屋處，對面就是書局；現在的住處，則是在國美館附近，一樣充滿文化氣息。

林佳龍和廖婉如育有一子一女，兒子已經要上大學了，女兒則剛上高中。房子會買在國美館附近，考量的是孩子大了，接著就會進入成家立業的階段了。廖婉如笑著說，因為國美館附近適合推嬰兒車散步，而且有很不錯的兒童繪本區。

「兒子有女友了？」「你要幫忙帶小孩？」

廖婉如說，買房時就已經考慮到以後講故事給孫子聽的溫馨畫面了。

「房事」對林佳龍來說，總是備受關切！

租房子時，被批評不夠愛台中，有過客心態，所以不置產。

買房子時，又被批評是好大的手筆，一出手就是幾千萬。

從租屋到買房，林佳龍花了十年的時間。

為什麼不早一點買？說穿了其實是因為「錢不夠」！

「錢不夠」？！

從廉政專刊公職人員財產申報上，林佳龍夫妻的存款有一億多、有價證券也有一億多，再加上台北的房子，身價超過三億元。可是，特別的是，房貸和保單借款也有四千多萬，而且不管是原本台北的舊房子，還是台中新買的房子，都有貸款。

廖婉如是奇美集團創辦人許文龍的外甥女、奇美集團前董事長廖錦祥的女兒，林佳龍申報破三億的存款、股票和房產，主要就都登記在廖婉如身上。

為什麼會有存款還要貸款買房？甚至還有人試圖研究這是什麼特殊理財方式。原來是因為廖錦祥看多了企業後代撕破臉爭產的新聞，為了想讓身後家庭和諧，他從五個女兒小時候起，就分別幫她們個別設立帳戶，每年有計畫地公平把現金和股票贈與給五個女兒。而且因為怕女婿們把錢拿去投資，萬一失利，會讓寶貝女兒們日後失去生活保障，所以，這些帳號雖然是在女兒的名下，但是銀行簿子和印章都還是在廖錦祥的手上，女兒和女婿們到現在都仍然無法動用。林佳龍財產申報上，大部分的現金和股票，就是這樣來的。

「當爸爸總會想為女兒確保未來的生活品質啊，他覺得為我們保管那些帳戶，就是在為我們保障將來的幸福，有點像在幫我們保留一些未來的私房錢。而且也保護我們不會因為年輕太衝，或想得不夠遠，而把錢亂花掉」廖婉如說。

原來，這就是為什麼林佳龍和廖婉如需要花上將近十年才能在台中買房，而且財產申報上同時又有存款和貸款的矛盾原因了。這幾年林佳龍開始有了穩定的工作，廖婉如才去解約保險和賣股票，湊一湊來台中買房，不足的部分就貸款。而自己名下在爸爸手上的那些財產，則還是原封不動地留在帳面上。

廖婉如的娘家富裕是事實，但是不代表林佳龍從此飛黃騰達。走上政治這條路，其實廖婉如娘家一開始並不認同。他們夫妻倆也知道爸爸努力想維持讓五個女兒都公平拿到一樣的財產，所以夫妻倆從一開始就打定選舉絕對不會動用娘家的錢，避免以後姊妹們心裡不平，覺得她用掉了爸爸的財產，讓其他人少分了一些。也因為選舉一切靠自己，最苦的時候，林佳龍這個耶魯的博士，還曾經跑過三點半調頭寸，只為了能夠發出薪水。

跑銀行三點半的那段時間，就是林佳龍沒有任何職稱，在台中蹲點的時候。

有天游湧志，這個辦公室主任兼司機，載著廖婉如一起跑行程。因為快過年了，游湧志在車上忍不住說「婉如姐，我發不出年終……」。廖婉如一聽，先傻住，眼淚接著滑了下來，從皮包裡拿出保單繳費單，怔怔的說「我也繳不出來……」。那是當年佳龍還在大學教書時買的保單，當時的她，完全無法預期，佳龍以後會有幾年入不敷出的失業蹲點期。

廖婉如說，是林佳龍教會她「什麼是沒錢的感覺」的。

大學時的她曾經想要體會沒錢的感覺，嘗試規定自己一個禮拜只能花二十塊美金。可是，前男友卻笑她說，「沒用的啦，妳不可能知道什麼叫沒錢的，因為妳知道如果不小心花超過二十塊，妳銀行裡還有」。當時的她，很不服氣。但是，跟著林佳龍蹲點的那十年，她終於體會到那種繳不出錢而心慌到噁心、胃抽筋的感覺了。

「原來他們兩夫妻，都互相不知道彼此的壓力……」，游湧志說他眼前的廖婉如，脂粉未施，衣著樸素，包包也不是名牌，「她的物慾很低」，不是你印象中的千金小姐，儘管她是如假包換的千金小姐。

在台中蹲點的那幾年，林佳龍沒有固定收入，還有辦公室的運作要支撐。「爸爸要是贊助佳龍選舉經費，那其他妹妹和妹婿們會怎麼想？」廖錦祥也清楚知道自己大女兒的個性，不會開口跟他要錢，所以，他只是拿了把鑰匙給廖婉如，跟她說：「抽屜裡面有錢，有急需的時候，就拿去用一下，沒關係的。」

「我知道爸爸默默擔心，但又不想傷害我的自尊」、「那把鑰匙是愛……」，廖婉如說這話的同時，眼眶濕潤。「爸爸三不五時還是會直接塞幾萬塊現金給我家用和繳學費，實在是拿得很不好意思，這麼大的人了……」

每回選舉，林佳龍台北的房子總是被拿出來做文章。

為什麼跑三點半的時候，不賣掉台北的房子？

當初為什麼不賣台北的房子，來買台中的房子？

任憑你怎麼攻擊，甚至說他愛台中是愛假的，林佳龍都沒有公開解釋過不賣台北房子的原因。

有回幾個老友聚會，直接問起林佳龍幹嘛不賣掉台北的房子來台中買房？

這問題，讓在一旁的游湧志，抬起頭看著林佳龍，因為這問題他也問過，但是林佳龍從來沒有多說什麼。

這天林佳龍，或許是喝了幾杯，竟然回答了。

「那是婉如的嫁妝，我做人家的老公，怎麼可以賣老婆的嫁妝，就算是老婆願意，我也不……」，林佳龍的聲音僅管不大，這幾句話，卻重重地刻在游湧志心裡。

那是一個男人的自尊；也是一個男人對太太的愛，再苦、再累，都不能賣岳父給太太的嫁妝。沒說出口的是，林佳龍自己也有女兒，以後如果女婿，賣了自己給女兒的嫁妝，他心裡也絕對不會好受的。

原來台北那棟房子，是林佳龍和廖婉如剛結婚時，廖錦祥付了頭期款，送給女兒的結婚禮物。同樣地，講求公平的廖錦祥幫五個女兒們買房的金額也都一樣，超出的部分，就自己想辦法。這就是為什麼台北的房子，到現在都還在繳貸款！

「台北的房子曾拿去貸過二胎」，廖婉如平靜地說。貸二胎的時間，正是林佳龍在台中蹲點的時期；這也讓廖婉如深刻體會到「什麼叫做被錢追著跑的壓迫窒息感……還不出錢，房子就沒有了！」

林佳龍打死不提出處理台北房子的內心原因，有點粗線條的廖婉如其實是不清楚的。

後來被游湧志告知時，廖婉如的第一反應竟是「我還以為他是因為屋裡堆滿了書，沒時間整理，所以才不賣……早說咩，害我們被罵了很多年耶，真是的……」

「他的書好多，連我的一些衣櫃也被拿去放滿了一箱一箱的書。」

廖婉如對於「嫁妝」這件事，沒有那麼強的刻板認知，直嚷著「吼，什麼嫁妝啦……」

對廖婉如來說，每次看到林佳龍因為自己的家世背景被酸、被質疑，而且還募款困難，廖婉如都不太好受。因此，還曾經問過林佳龍「你會不會覺得被我拖累了？」結果被林佳龍秒回「你是瘋了嗎」？

現在，林佳龍和廖婉如終於在台中買房了，照例又被拿出來大做文章！什麼「真有錢」的諷刺，什麼「連裝都不用裝了……」的質疑，通通都出籠。

面對這些，林佳龍和廖婉如夫婦，只能嘆口氣笑笑，自勉最苦的時刻都熬過去了，還計較這些做甚麼？然後笑著謝謝大家的關心，就繼續往前走了。

農曆年過後，林佳龍一家搬進了新房子。

在這之前，林佳龍沒幾乎沒去看過幾次房子，裝潢的事林佳龍一概不管，他很相信也尊重廖婉如的選擇和決定，只有一個要求那就是「書桌要大一點喔」，廖婉如笑說「你看，我的自由度很大齁，可以完全做自己作主哦！」

認真工作的老公最帥

「你有想過另一半在自己心中是什麼地位嗎？」

這問題看似簡單，卻一點也不好回答。

廖婉如左手橫擺在胸前，右手摸著嘴唇，大約維持了三秒鐘，「嗯……嗯……」了好幾聲，才說出「依賴」兩個字。

廖婉如是學數學的，不過她形容自己理性、感性分明，遇到事情會訴諸「直覺性的感情」，至於林佳龍則是比較用「思維邏輯」來處理事情，因此兩人偶爾會有意見分歧的時候。

和天下的所有夫妻一樣，林佳龍和廖婉如也會吵架，也有著自己相處的模式。他們倆在耶魯念研究所時就成為男女朋友，彼此都很了解。對於民主的價值，和以人為本的理念，也都有著相同的理念。

在台中蹲點的過程裡，很多人都說林佳龍和廖婉如夫妻嚐盡人情冷暖。但是，廖婉如的看法卻是：「只有真正地歷經現實，苦過，痛過，才會蛻變成長，而且要有能力不讓負面情緒一直困擾你，也要不斷學習去接受和包容人性的弱點。」

現在，林佳龍和廖婉如都堅信「從政是在做社會療癒」，因為每個人都有不同的生命和歷程，只有彼此互相包容，才能慢慢找出一條可以讓大家一起變得更好的道路來。

基於這樣的信念，廖婉如已經可以接受老公常常不在家，因為她知道，老公是要去建設一條可以讓大家變得更好的道路。

「我支持他，也認同他這麼做，這也是一條我們共同要走的路。」

林佳龍夫婦的朋友笑稱那是一條「充滿愛的道路」，有家人，有朋友，還有廣大的人民！

律師聶瑞瑩是林佳龍夫婦共同的好友，她說出自己的近身觀察。

那是一場家庭聚會，一如既往的朋友相聚。

林佳龍一講起政策又停不下來，像個傳教士布道，又像是林教授授課……

聶瑞瑩說，廖婉如只是在一旁靜靜地聽，然後默默地把水果，用叉子切成剛好可以入口的大小，端到林佳龍前面的盤子。

當林佳龍講到「每一座偉大的城市都有河流，所以綠川……」，聶瑞瑩突然瞥見原本在一旁寫功課的林佳龍小孩，早已經寫完功課，都趴下來打瞌睡了，結果爸爸還在講。

聶瑞瑩小聲地跟廖婉如講：「要不要制止他一下？」

結果，廖婉如搖搖手說：「沒關係。今天就讓他講，他難得遇到這麼願意聽，又有共鳴的聽眾。」

那晚，林佳龍整場認真談著他對台中的擘畫，像個小孩般不斷舞動著雙手。廖婉如只是笑笑地看著老公的側臉。

聶瑞瑩說廖婉如突然轉過頭跟她說：「瞧我老公認真工作的樣子，真的很帥。」

直到要說再見時，林佳龍還欲罷不能，邊走邊說，甚至忘了穿外套，就往外頭去。廖婉如發現後，一把抓起外套，追過去，幫林佳龍穿上。

「這對夫妻真的好有趣喔，天生一對……」聶瑞瑩回家後還跟老公這麼說。

聶瑞瑩又說到在二〇一四年十一月二十四日那晚的情景。

那是個選前五天的「素人造勢之夜」，聶瑞瑩親自上台挺林佳龍。講完沒多久，她就步行離開會場。走到馬路上時，看到廖婉如坐在車裡，搖下車窗，看著前方。順著廖婉如的眼神望過去，看到的是林佳龍正在台上講話的身影。

「那個身影很小ㄟ！」聶瑞瑩說。

但是，廖婉如看得很專注，專注到讓聶瑞瑩不忍心跟她打招呼，打斷她傾聽老公演講時的全心投入。

身邊的朋友覺得，廖婉如喜歡林佳龍那種朝理想不斷前進的單純，很執著，也很認真；林佳龍則喜歡廖婉如的聰明，那種理性與感性兼具的智慧，很細膩，很溫暖，也很自然。

草悟道上，有座六．五公尺高的「法國鬥牛犬」裝置藝術，這座鬥牛犬，是台灣設計師王亞韋以傳統工藝結合現代設計，用桃紅色鐵線，當作空間的畫筆，勾勒出「法國鬥牛犬」的設計意象，具有空間穿透性。

當初，這座巨大的桃紅色法鬥犬，是台南奇美博物館「動物設計特展」的一件戶外作品。藍天、綠地，配上這隻桃紅的法鬥犬，讓人看了心情就特別好。特展結束後，因為台中接著要辦花博，奇美博物館就讓這隻討喜的法鬥犬，直接移居到台中來，幫台中多增加一個活潑亮眼的地標。

致贈典禮那天，廖婉如先到，她脖子上圍了條桃紅色的圍巾。

林佳龍則是稍後才到，車門一開，林佳龍一看到廖婉如，馬上就拉了拉自己的桃紅色領帶，還笑著說：「我就知道。」

就在這時，兩人默默地交換了眼神，一抹笑容爬上彼此臉龐，很像是那種熱戀中男女的笑，帶些害羞，又有點「你懂我、我懂你」的默契，彷彿此刻一切都沉浸在幸福裡。

「你們是早上講好的喔？」

林佳龍聽到有人這麼問，就很直率地回說「沒有啊。但是，我知道婉如一定會圍桃紅色的圍巾，這不用說，我懂啦！」

聽到老公這麼回答，廖婉如什麼也沒多說，只是一臉笑意地靠近過去，雖然沒有手牽手，不過那氛圍瀰漫著濃濃的甜蜜幸福味，也同時帶到所有來賓的心上……

廖婉如喜歡林佳龍那種朝理想不斷前進的單純，很執著，也很認真；林佳龍則喜歡廖婉如的聰明，那種理性與感性兼具的智慧與細膩，很溫暖，也很自然。典禮當天，他們雖然一前一後出門，卻不約而同繫上了桃紅色的領帶和圍巾，彼此之間「我懂你」的那份默契，洋溢著滿滿的幸福。

我要維持佳龍的嗅覺

林佳龍家有個房間，那原本是林佳龍的書房，現在卻變成為全家人「在一起」的地方，有點類似美國人的 Family room，但不是客廳。

這個房間，中間靠牆處是林佳龍的書桌，書桌兩旁擺放著另兩張長桌。這兩張長桌，不是什麼名牌的高貴長桌，而是那種選舉時，我們在各個候選人的競選總部，會看到那種補習班在用的折疊長桌。

林佳龍的書桌，和這兩張摺疊長桌，就呈ㄇ字形擺放。

他們一家四口各有各的專屬座位——林佳龍習慣坐在他的書桌，廖婉如習慣坐在靠門的長桌，女兒則是坐在廖婉如旁邊，兒子的座位則是另一張長桌。

桌上有書有電腦，每天晚上林佳龍回家後，他們四個就這樣窩在這房間裡聊天，或是靜靜地各做各的事，看似沒有交集，卻是那種我們「在一起」，彼此可以緊緊依靠的靜謐幸福。

他們各自做什麼事呢？

兩個孩子看書做功課；林佳龍看資料或是批公文；廖婉如則是看著擺放在門邊的電視，她鎖定的是幾個政論節目，偏綠的看，偏藍的也看，就是要知道大家都在「關注」或是「吵」什麼，通常廖婉如都轉靜音。

有趣的是，這個房間不僅是書房，其實也是餐廳。

儘管林佳龍沒有每天在家吃飯，但每個禮拜總會排出一兩天的時間，和老婆孩子一起共進晚餐。這時，他們就會把桌上的書移一移，四個人邊吃邊聊。孩子會聊聊學校生活，林佳龍則會講講他對台中的擘畫，哪裡要變綠地，哪裡要變成智慧城……，眼神還會閃閃發亮。

對著老婆和孩子講自己對台中的擘畫，這樣的老公，這樣的爸爸，看似無趣，卻很有趣。廖婉如和兩個孩子都支持著林佳龍的夢，一個讓台中變得更好的夢。那個用一張書桌和兩張長桌圍成的ㄇ字形，就是林佳龍每天充電的好所在。

總之，林佳龍家那間由書房變成的Family room，每晚都很熱鬧。

這天，林佳龍又坐在那間書房裡，抓著廖婉如，對著她猛講政策。女兒在這時湊過來站在一旁，拿著書等著。剛開始，林佳龍還沒注意到女兒，繼續巴拉巴拉地講政策，直到女兒開口：「這題化學，我不會……」林佳龍才意識到女兒是來問功課的，隨即回答說：「好，妳們先講。」

「妳們先講」，林佳龍的主詞是「妳們」，所以女兒問功課的對象不是他，而是廖婉如。

廖婉如看著女兒遞過來的化學題，嘴裡嘟噥著說：「我國三就開始叛逆了……」

林佳龍一聽，馬上跟女兒說：「妳知道媽媽這樣說，是什麼意思嗎？」

廖婉如回說：「我那時沒有學好，不見得可以教妳。」

林佳龍接著說：「媽媽的意思是說，她國三就開始叛逆，所以妳可以不用讀，可以回去睡覺了。」

這算是「練肖話」嗎？

女兒看著爸爸、媽媽在那裡你一句、我一句地聊著，她臉上始終掛著笑，沒有任何的不耐煩和不自在。

廖婉如嘴上和林佳龍一搭一唱聊著，手和腦也沒閒著，在紙上演算著化學公式。

沒多久，解完題，廖婉如高呼：「想不到我還會誒！」

林佳龍大讚：「妳資質優異！」

廖婉如馬上回：「不然你怎麼會娶我？！」

林佳龍則是在一旁呵呵地憨笑，講不出話來。

分享這段抬槓過程的廖婉如，不管是臉上還是眼睛，都滿是笑意。

她笑聲之爽朗，讓人很容易就感染到她的自然和熱情，她很享受這樣的相處模式，不管是親子關係，還是夫妻關係。

廖婉如如此，林佳龍也是如此。

廖婉如高中畢業就到美國念書，對那時台灣社會的種種，甚至是歷史，都是一片空白。直到認識林佳龍，和林佳龍那群搞學運的朋友，才從只有音樂和數學的生活，開始接觸社會議題和國家大事，進而了解自己生長的國家——台灣。

在耶魯的那段日子，林佳龍忙著在全美串聯台灣的知識份子，從這州到那州，司機就是廖婉如。林佳龍在台上演講，廖婉如就在台下遞水。

林佳龍對廖婉如來說，是她對民主社會價值、台灣意識的啟蒙者，也是需要她照顧的大孩子。

廖婉如說，有天林佳龍說要煎荷包蛋給她吃，她欣然說好。

結果，林佳龍問她：「那要怎麼做？」

廖婉如說，先熱鍋，然後放油，油熱後，再放蛋。沒多久，就聽到廚房傳來「啊！」的大叫聲。廖婉如跑過去一看，看到林佳龍在爐邊甩手。原來，他直接伸食指去按鍋邊，想看鍋熱沒有。

「你看，他這麼笨⋯⋯。我想好好照顧他。」

儘管說的是已經快二十年前的事，廖婉如講起林佳龍，依舊是又崇拜又搖頭。

如果說林佳龍的理想性格，讓廖婉如深深愛上他，那麼林佳龍對於生活事務的「憨慢」，則是讓廖婉如想要照顧人的的長女個性，發揮得淋漓盡致。

這些往事李宣毅都很清楚，有天他問廖婉如說：「很多政治人物，有了權力後都會變，會不會擔心？」

廖婉如馬上回答：「我如果沒有跟他離婚，你就知道他沒有變。」

廖婉如說嗅覺雖然是瞬間的，卻會遺留在心裡很久，因為這跟道德判斷有關。究竟有多少政治人物的另一半，會願意當枕邊人永遠的諫臣？廖婉如肯定是那少數中的一個，因為她說：「我要維持佳龍的嗅覺。」

原來廖婉如的愛相隨，不是只有守護丈夫這麼簡單而已，還守護著丈夫的理想，每一分、每一秒。

廖婉如說，嗅覺雖然是瞬間的，卻會遺留在心裡很久，因為這跟道德判斷有關。究竟有多少政治人物的另一半，會願意當枕邊人永遠的諫臣？廖婉如肯定是那少數中的一個，她說：「我要維持佳龍的嗅覺。」廖婉如的愛相隨，不是只有守護丈夫而已，她還守護著丈夫的理想，每一分、每一秒。

Chapter4-4

當政治人物的初衷

跪著批公文

首長批公文的用語很多，包括什麼「閱」、「閱悉」、「如擬」、「可」、「照辦」等等，各有各的學問！例如「閱」和「閱悉」，就是沒有贊成，也沒有反對，頂多就只是「知道」要這麼做而已；至於「如擬」、「可」、「照辦」，則有點「背書」的意味，就是可以照這麼去做的意思。

每個首長的公文量，應該都無法用「份」來形容，恐怕必須用「成疊」或「堆積如山」來比擬會比較貼切。因此，通常首長在批公文前，會有專人先看過，將有問題，需要特別討論的公文挑出來，也會在便利貼上寫上建議的文字，給首長參考。

在林佳龍的團隊裡，也有這樣的人員幫忙先看公文，例如顧問郭昆文就是其中一位。

當郭昆文看到林佳龍批過的公文，他說他被「嚇到」了，因為上頭密密麻麻的都是字，跟一般政治人物只會批「閱」，最多批個「如擬」或是「可」的，實在差很多。

一個機關的最高首長，在公文上寫滿意見和想法，這當然是負責任的展現，卻也容易把自己陷入決策風險之中。因為公文上頭，滿滿的都是裁示。

郭昆文曾經跟林佳龍說，是否不要寫這麼多，或是請承辦單位重新上文。得到回應是：趕快把事情解決、做完比較重要，不用退回去又送上來。他也相信同仁都想把事做好，不會有什麼惡意挖坑的事。他選擇相信，經常掛在嘴邊的八字訣就是：「做對的事，把事做好。」那麼，很多疑難雜症就會因為這個信念迎刃而解。

就這樣，只要是林佳龍批過的公文，都可以看到那些用心寫好、寫滿的裁示！這些裁示，有些是在辦公室批的，有些則是帶回在家裡寫的。

應該沒什麼人會願意把公文帶回家，但身為首長，有時一整天都在外頭，不是會議就是視察，把公文帶回家是不得已的選擇。

「哈！又再跟公文致敬了喔！」廖婉如端著茶走進書房時，忍不住這麼說。

因為她看到林佳龍把椅子挪開，人就「跪」在桌子前的地上，改起公文。

「是啊，公文是要尊敬的啊。」林佳龍回過頭，跟老婆開起玩笑。

廖婉如說，在他們家看到林佳龍「跪著」改公文是件很平常的事。而她也知道，林佳龍口中的那句「公文要尊敬」不單純僅是玩笑話，更是真心話。一個首長對事情的態度，是輕忽、隨便、得過且過抑或重視、謹慎甚至是小心翼翼，答案其實就在他批改公文的態度上。

「那要跪好喔，呵呵……」廖婉如繼續跟老公開玩笑。

「安啦，我小時候就跪得很習慣。」原來，林佳龍小時候常常被爸爸罰跪。

說真的，林佳龍之所以會跪著改公文，主要是因為他的腰椎不好之故。一整天大部分的時間都坐著——坐著開市政會議，坐著趕車視察，坐著開座談會……，到了晚上實在是坐不住了，然而公文又無法站著改，因此他乾脆「跪著」改。

這一跪，林佳龍發現手肘撐在書桌上，讓他的腰舒服多了，注意力也更加容易集中，他更從跪中時刻想起爸爸的叮嚀……

因此，林佳龍在家「跪著」改公文，這儼然已成為林家一景。兩個孩子一看到爸爸又在跪時也都見怪不怪了，總是若無其事地各自據守在屬於自己的角落做自己的事。

林佳龍批過的公文，總是滿滿的都是裁示。曾有部屬反應，是否請承辦單位重新上文，林佳龍的回應是：趕快把事情解決，不用退回去又送上來。他也相信同仁都想把事做好，不會惡意挖坑。林佳龍經常說：「做對的事，把事做好最重要！」

當你打電話去 1999 時

隨機去馬路上做民調的話，你會發現很多人都打過 1999，跟電話線那頭的人，講述你需要解決又跟政府有關的事項，而另一頭講電話者的態度，往往左右著你當下的情緒。

是敷衍抑或用心？是懶散抑或積極？是有一搭沒一搭抑或主動幫忙追蹤？通常在那聲「喂」，簡單寒暄幾句後，就能知道這回遇上的是哪種話務人員。

林佳龍在台中蹲點時，他的服務處就常常接到民眾打來抱怨 1999 的電話——「接電話的人很兇」、「接電話的人一問三不知」，那時的服務處主任是詹益宏。

詹益宏是個虔誠的基督徒，在加入林佳龍團隊前，在公益團體「甘霖基金會」上班。甘霖基金會的服務範圍是老人送餐、長青學苑等等，都是和老人有關的各種照顧服務。

「我是基督徒，我不大可能晚上跑攤，家裡晚上也需要我照顧。」這是詹益宏知道林佳龍想找他去辦公室時的第一反應！

「跑攤有別人去，你只要把服務市民和管理服務處做完做好，就好。」林佳龍這麼回答詹益宏。

「很體貼齁……」說這話時的詹益宏，整個人流露出一種「有這樣老闆真好」的喜悅。

他們原先就是朋友，之後才變成從屬關係。很多人都說隨著關係的轉變，會讓原先的情誼很難維持，甚至變質，但這些在林佳龍和詹益宏身上卻看不到。

「不隨身分的變換而改變初衷，總是願意將心比心。」

這是林佳龍即使當上了市長，也奉為圭臬的行為準則。不過，這不是林佳龍自己說的，而是身邊人的觀察。而這樣的觀察，是林佳龍還是保有初衷的象徵。

「你要去市府或是去奇美博物館？」

選上市長後，林佳龍要辦公室主任游湧志問詹益宏。

「為什麼是去奇美博物館？」詹益宏滿臉詫異地回問。

「那裡剛開館需要幫忙，你是牧師，還可以就近去台南神學院進修。」游湧志說出林佳龍會如此考量的背後思維。

「我年初的禱告是，如果選上，希望去走路就可以上班的地方。」

詹益宏雖然很開心老闆願意為他著想，卻還是很勇敢地提出自己的想法。

「那就去負責 1999 吧。」游湧志的回答。代表林佳龍除了幫他著想外，也已做好備案。而這個備案，是經過縝密思考過的。因為詹益宏非常熟悉民眾對於 1999 的各種怨言，也做了些研究，想過改進的方法，林佳龍和詹益宏，還曾經為此討論過很多次。

1999話務人員的流動率很高，而且各縣市都是這樣。

各縣市的1999話務人員，都是外包給中華電信承接的。也就是說，每天接電話為市民解答各種疑難雜症的人，都是約聘僱人員，這些人對於市府不見得有認同感，少了那種我們是團隊、我們是逗陣的、大家都綁在一起的體認。

那麼，1999話務人員何不改成「自聘」？

林佳龍在還沒上任台中市長前，就已經開始思考這麼做的可行性，也早就想請詹益宏負責這項改革的業務。但是，考量到詹益宏的信仰背景，因此沒有直接提出。因為一旦直接提出，就變成要求。林佳龍不希望給人那種「上對下」的壓力，因此總是選擇用溝通、討論，比較尊重人的方式，來處理人事任命案和政策。

1999是研考會的業務，詹益宏當時就到研考會當稽核，兼任1999話務中心自聘案的總幹事。話務人員，從「外包」到「自聘」，所遇到的阻力和壓力，比想像中的多，詹益宏陷入苦思。

人是習慣性的動物，對於改變，總是沒有太多的理由就會先抗拒再說。更何況改變有時還會造成工作量變大，或是責任變多，因此反對總是伴隨著改變而來。

自聘意味著，管理的責任會落在市府自己身上。日後只要被投訴，就不能以這是「外包」的理由來搪塞，而必須負起全責。因此，當時市府就有大批「反對」

的聲音傳出，並且透過各種管道運作，希望林佳龍可以打消話務人員由「委外」改成「自聘」的念頭。

當時最常被反對者拿來講的理由是，自聘的成本會增加，因為要負擔勞健保，還有獎金、休假保障，這些都會讓成本增加。

這些反對的聲音，林佳龍都知道。

在詹益宏上班的第一天，林佳龍打了通電話給他，那時已經是晚上十一點多了。

「你還習慣嗎？」

「第一天報到，哪有什麼不習慣的！」

「話務中心由你負責，要記得多關照一下，不要人力派遣，要收回來自聘。」

「好，我知道。」

這通深夜打來的電話，讓詹益宏知道，林佳龍是玩真的，沒有屈服在反對勢力底下。

在一次小組會議上，林佳龍「力戰」許多對「自聘」案有意見的人。

「識別證的重量有多少？」

「幾十公克吧！」

「市府的識別證，和中華電信的識別證，哪個重？」

「應該差不多重。」

「對，重量差不多，不過溫度和尊重差很多。」

「把他們當成我們的一份子。」

「他們是我們的雷達。」

「成本增加，但話務的品質提高，流動率變小，這值得。」

詹益宏說如果不是林佳龍態度堅定，台中的 1999 應該還是跟其他縣市一樣，繼續外包給中華電信，話務人員也一樣會流動率高，不好管理，也不好要求。

而自聘，其實只是林佳龍改革 1999 的第一步。

在 1999 改成自聘後的第一個上班日，林佳龍去那裡當起接線生。

「台中市政府，您好，我是台中市長林佳龍，很高興為您服務！」

「蛤？」

「您好，我是林佳龍！」

「錄音這麼先進？還會對答？」

「我真的是佳龍，免懷疑啦。」

一日接線生林佳龍，在那天接到的電話內容，從市府人員的服務態度、復康巴士、育嬰假申請、網路詐騙、都更，到人孔蓋的設計等等，無奇不有。

「如果我手上沒有任何資料，要怎麼回覆民眾？」這個一日接線生的經驗，

「台中市政府，您好，我是台中市長林佳龍，很高興為您服務！」
從外包改為自聘後的第一個上班日，
林佳龍去 1999 當接線生，認真傾聽記錄民眾反應的問題。

讓林佳龍更深刻體會話務人員的辛苦和難為。

以前屬於外包單位的1999，應該是爹不疼娘不愛，跟各局處要資料應該很容易被藉故拖延，難怪那麼容易惹怒民眾。其實，也不能怪他們態度不好，因為他們手中根本沒有完整的資訊可以去告知，只好很概略地回答。得不到滿意答案的民眾，會開始酸言酸語，然後話務人員非常有可能就被激怒了，惡性循環下，1999的滿意度當然不會高。

「請所有局處首長，以後都要排班來當一日接線生。」林佳龍說這是讓局處首長們，知道話務人員對市政的重要性，也是藉此想讓首長直接傾聽民意，讓各局處不要有本位主義的好方法。

接著還建立「1999人民陳情案件處理小組」Line群組，由各局處長官及話務中心共同組成，林佳龍自己也是這個群組的成員。一旦話務中心遇到橫向溝通的問題，就可以「即時」在平台上協調處置，並且追蹤、回報。

自聘、一日接線生、陳情案件處理小組的群組，是林佳龍改革1999的三支箭。三箭齊發後，台中市府的1999，連三年奪得《遠見》雜誌第一線服務人員服務品質大調查，「1999便民專線類」冠軍，是全國唯一連續三年得到該獎項的公務機關。

台中的1999不是只負責接電話，還化被動為主動，自動跟民眾告知案件進度，還跟民眾說可以回撥 1999 提供案件滿意度，有議員自己試打後說：「比買東西的售後服務還好。」

林佳龍覺得幫人民解決問題，不能只治標，還需要治本，因為各種陳情事件的背後，理論上來說，應該有一定的模式。現在科技如此進步，透過 1999 的來電統計，可以運用大數據，去分析了解，什麼事情、什麼時間、什麼地方，最容易被民眾提出來陳情，預先做好這些準備，市府才能更有效率地去解決根本的問題，甚至可以預先精準地排出改善的時間表。

林佳龍改革 1999 的初衷，是想多給話務人員一點尊重。這個初衷，如今結了很多善果，台中的 1999 已經成為全台最有效率、服務最佳、人員流動也最少的 1999。

高傲和格之間的差距

一下比超人的姿勢，一下比招財貓的姿勢，每到畢業季，林佳龍就會跟得市長獎的所有學生（小學、國中、高中、高職）合影留念。

學生想比什麼姿勢，林佳龍都配合！

西裝筆挺的林佳龍，雙手捧著臉，微笑看著鏡頭。

喔，不！他應該是笑開懷，嘴快咧開到耳朵的那種大笑啦！

說真的，西裝配上這樣的姿勢、這樣的笑容，實在是很有違和感！

看著鏡頭的林佳龍，一開始的確是微笑，但最後卻變成大笑，他說：「不習慣，但是很好玩。」原來「女同學，喜歡這樣的姿勢」。那男生喜歡什麼？他說：「一手斜斜舉起，另一手也斜斜舉起，但上臂收起，兩手看起來有點平行，他們說這是超人……」

每次跟畢業生拍照，大概都要花掉四個上午或下午的時間。林佳龍就算再忙，都不會把這個行程取消，除了因為孩子是國家未來的棟樑，需要鼓勵和重視外，孩子那純淨的臉龐和充滿希望的眼神，對林佳龍來說，其實是另類的充電，提醒自己莫忘初衷。

教育，是林佳龍很重視的一環。明年度的教育預算，佔了台中市總預算的百分之三十八．二。

教育局長彭富源說：「將近四成，這比例算很高。」

教育這件事，不像交通建設，或是指標性的建築物那樣，只要一蓋好，就能馬上吸引眼球，有立即的效果，很快會反映在民調數字上。教育的播種，搞不好需要十年才能初步見到成效。教育是長遠的投資，卻是一座城市、一個國家，能否永續進步的關鍵。

榮獲市長獎的高中職畢業生教林佳龍比出「超人」的姿勢，帥氣合影。
與畢業生合影的行程，通常要花上四個半天，不過林佳龍就算再忙，都不會取消這個行程，因為孩子是國家未來的棟樑，需要鼓勵和重視，更因為孩子們純淨的臉龐和充滿希望的眼神，對林佳龍來說，其實是另類的充電，提醒自己莫忘初衷。

台灣的大學密度，是全世界最高的。這是當年錯誤的政策結果，也是「萬般皆下品，唯有讀書高」的傳統觀念導致。

這幾年，台灣飽嘗「廣設大學」的苦果，部分大學因少子化而面臨招生不足的困境，大學畢業生起薪偏低、大學教育產學無法合一等等，都是痛苦的現在進行式。

林佳龍很重視教育，但並非要讓每個孩子都去念大學，而是讓孩子在國、高中階段，就能找到適合自己的方向去發展。

「高職教育是喊假的，因為最後都還是去念科大。」

林佳龍和彭富源想扭轉這樣的思維和錯誤印象，因此一口氣跨了八個局處，三年共投資三．五億，希望推動「青年希望工程」。

城市的未來在哪裡，要找出重點產業，長期規劃以學生為主體，讓學習的資源「向上延伸」、「向下扎根」，減少「學不能致用」這種讓人詬病卻又真實存在的情形。

「青年希望工程」就是從頭開始改造的價值教育。所謂的「技職教育」，絕對不是只叫人去做黑手，而是一種結合手藝、運用科技、利用專業的教育。目前已有自行車、工具機、觀光、農業、資訊、航太等六大產業鏈結，並將擴及到綠能科技和ACG（動漫、遊戲）等熱門產業。

在台中，技職教育從國三就開始，教育局很努力地跟家長做宣導，幫孩子找出路，一起創造未來。

其中結合教育局、經發局、勞工局、農業局等八個局處，共同推出十二類升學的業別，例如大甲高工就是專精自行車、智慧工具還有航太設計，台中高工是冷凍，東勢高工是木作裝潢，新社高中是園藝和農產經營，明德高中則和王品集團合作，專門辦理餐飲觀光就業班。

光這樣還不夠，還搭配辦理巧聖先師魯班公獎、職場達人、新秀選拔表揚活動、青年加農、賢拜傳承，還有摘星計畫等等，全方位扶植青年專業人才。這些搭配的政策，有很多是透過競賽和選拔來頒發獎項。

彭富源說這不是單純的鼓勵競爭，而是透過這樣的方式，達到表揚的效果，因為這是榮譽。

而所謂的摘星計畫，又是什麼呢？

就是當你學好技藝，或是有任何新創的想法時，市府就提供場地，幫你一圓創業夢。

市府提供審計新村、光復新村、摘星山莊三個創業基地，一共有三十三個創業單元，補助創業青年第一年減免百分之五十至百分之百租金，進駐期最長為四年，還有最多兩年、每人每月三萬三千元的生活津貼，並且規劃創業輔導機制、聘請專業顧問到店輔導等等，全力提供資源，協助青年創業成功。

當舊省府宿舍和百年古蹟搖身一變成為青年的圓夢基地，人潮一聚集，帶動的將是整個區域的發展，這是一個讓居民和創業青年雙贏的局面，何樂而不為呢？

通常一樓會是對外展示（售）的店面，二樓則為一般辦公室或是工作室。老建築裡住著年輕的靈魂，這是一個大家可以一起翻轉城市的大好機會。

不管是彭富源或是勞工局長黃荷婷都說，林佳龍要他們「撐住」，先做好硬體的改善，比如說停車場的增設；至於軟體的部分，有些牽涉到觀念的形塑，就需要慢慢來，急不得。

青年希望工程，某種程度是「移風易俗」，就是要去改變父母和整個社會認為只有「讀書高」的觀念。想要改變人心和觀念是吃力不討好的事。然而，這究竟是中央該做的事？還是地方該做的事？彭富源說，林佳龍跟他強調，無論地方或中央，都要以「孩子」為根本，尊重孩子，為他們提供更多未來的選項。

「提供選項」，看似多麼簡單的四個字，但每一個選項都必須有經費來支撐，還需要跨局處的合作，不然就只是空口說白話而已。

「按照規劃，一項一項列出來……」彭富源說那佔總經費將近四成的預算，就是這樣編出來的。

彭富源說，看到林佳龍和得市長獎的孩子一一拍照的情形，這樣的人哪裡會「很冷」？外在的冷，有時是因為「理性」。而之所以理性，是因為有很多理想要去達成，因此必須清楚地擬定計畫，久了和人的互動，或許沒那麼可以稱兄道弟，卻有很多的「人文」和「敬人」。

「他的格局可以從對教育的態度，和對人的尊重看出來。」彭富源這麼看林佳龍。

他不會讓我違背初衷

你在台中吃過早餐嗎？

就算你沒在台中吃過早餐，應該也看過前陣子在網路上瘋傳的「台中早餐地圖」，這地圖是新聞局專門委員陳文信親手繪製的。

會有「台中早餐地圖」問世，要謝謝知名作家劉克襄日前的批評——他說台中早餐貧乏單調，愛吃早餐的陳文信頗不認同。他是個行動派，火速整理自己這幾年在台中吃過的早餐，加上朋友熱心推薦的，包括食物特色、老闆風格及周遭環境等，他都一一寫出來或是畫出來。

「台中的蛋餅很酷，有的皮又厚又Q，有的皮煎得脆脆的，這是台北早餐店吃不到的。」

陳文信是土生土長的台北人，到台中工作之前，從沒有離開過台北，他怎麼可能對台中有如此深刻的了解？

「多用一點心就可以了。」陳文信說。

他說，台中因為地理位置居中，有很多南北不同地方的人來此移居，因此早餐的種類很多元，可以呈現多元文化，在多元中又加入一點點創意，最後就落地成為台中的特色。「台中早餐地圖」就是這種多元與創意的融合。

當年陳文信還是記者時，林佳龍是立委，那時他很常做的一件事，就是打電話去林佳龍的辦公室問：「委員在嗎？」答案如果是在，陳文信就會說：「那我們改天再去好了。」

這是在躲林佳龍的意思嗎？

「對啊！」陳文信很大方地承認，但也笑得有些尷尬。

因為林佳龍是政治學者出身，經常會被「林教授」附身，任何一個議題，尤其是牽涉到預算或法案，他就會滔滔不絕的論述起來，引經據典，常常一講就是兩三個小時。

「想躲都躲不了啊！」陳文信很無奈地說。

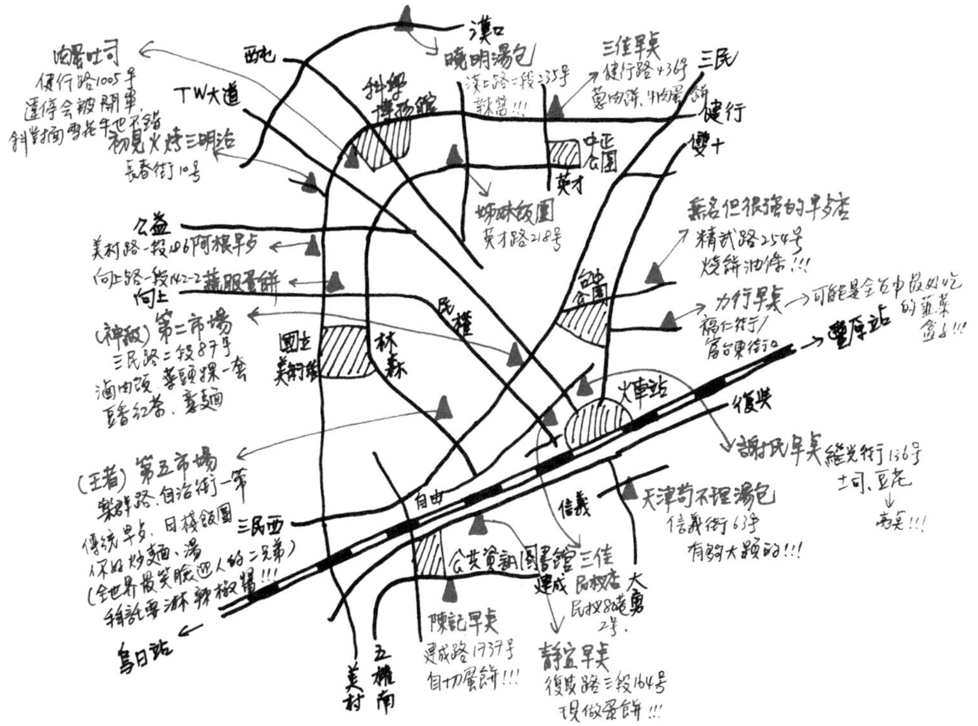

「台中的蛋餅很酷，有的皮又厚又Q，有的皮煎得脆脆的，這是台北早餐店吃不到的！」愛吃早餐的台中市新聞局專門委員陳文信，根據親身經驗和朋友推薦，親手繪製了一張「台中早餐地圖」，公布後在網路上引起瘋傳。

有一次，林佳龍因為想要讓媒體更了解他的想法和堅持，一連錯過好幾個高鐵班次，最後乾脆改成最晚的班次才趕回台中。但是，就在他開講數小時過去後，陳文信還是不知道該如何下筆。因為有時候法案複雜的程度超過他所能理解，所以林佳龍越講，他越心慌。

「你可以想像，隔天他一翻報紙，發現自己講了那麼久，那麼詳細，卻一個字也沒有見報，我想他一定很不高興。所以，當時我很怕遇到他，怕他問起這事，我真的是避之唯恐不及。」陳文信說。

那麼，林佳龍真有因為這事而抱怨過什麼嗎？

「沒有誒，一次也沒有。」陳文信馬上這麼回答，「是我自己會覺得不好意思啦！」

對林佳龍來說，跟記者完整闡述自己的想法那是必須的，至於媒體登不登，他完全不會過問。他認為媒體沒有義務照單全收，現在上不了新聞，搞不好哪天就會上了，但該講的還是要講——林佳龍認為這是他起碼該做到的原則。

如今，當年的受訪者變成自己的老闆？那有什麼不一樣的心情嗎？

「其實是很舒服的一件事，我不必為了要效忠表態，或只惦記他的政治前途，而去做違背自己初衷的事，向右走，或向左走，只要是做對的事，我完全沒有顧忌，因為老闆也是這樣的人。」

林佳龍就任台中市長的第一年，《遠見》雜誌「縣市首長施政滿意度民調」，台中在六都中敬陪末座，是最後一名。

「是不是我們很不會行銷，沒抓到重點？」

陳文信說那時連新聞局長卓冠廷都想請辭。新聞小群組裡的成員，大家都在想到底要怎麼面對林佳龍，要怎麼在群組裡對這種排名發言。

結果，林佳龍自己先上來留言：「沒關係，沒這麼嚴重啦，再加油就好。」

陳文信說，當時他有種「想哭的感覺」，因為幕僚執行工作不力，怎麼反過來還被老闆安慰呢？林佳龍這麼一安慰，整個軍心就穩定下來了，從此凝聚力更強。

在知道民調的那一剎那，林佳龍不可能沒有沮喪之情吧？

陳文信覺得林佳龍願意收起沮喪，反過來安慰他們，幫大家加油打氣，是因為「一個有豐富失敗經驗的人，心理素質往往很堅強」。

媒體人轉職當政治幕僚，在林佳龍的團隊裡，陳文信不是第一個。

好比祕書處長李如芳、新聞局長卓冠廷等都是。媒體出身的人反應快，做事俐落，但相對的主觀也比較強，不見得好溝通、好駕馭。但是，這幾位媒體人卻在林佳龍的團隊裡各居要職，彼此合作無間，沒有因為背景類似而有摩擦產生。這應該跟林佳龍本身的領導風格很有關係，他「相信」部屬，過程中除非有人主動求援，否則他不會指三道四，暗中下指導棋。在既定的目標下，大家都有很大的揮灑空間，沒事老闆不會來擾亂，只要能交出好成績就行。

對此，陳文信再次笑著強調說：「跟他一起工作，真的很舒服。」

從堅持到創造傳奇

「你看，都是圍籬，不好看齁。」林佳龍邊指邊講著，還回頭看一下你的視線，深怕你沒看到他所指向的場域。

順著林佳龍的手指望過去，看到的就是一大片用圍籬圍起來的空地，真的是不大好看。正在狐疑為什麼要看這個時，林佳龍興奮地說：「這裡就是水湳智慧園區。」語氣裡充滿「相信我」，「這裡將會很棒」的信心傳遞。

當車子都已經駛離水湳智慧城的預定地若干距離了，林佳龍竟又回頭看了一眼，然後說：「這裡以後『真的』會很棒！」重音落在「真的」兩個字上，充分展現他心裡的迫切和渴望。

水湳智慧城的預定地，就是台中水湳機場的原址，總面積約二百五十三公頃，是台中市最後一塊未開發的大面積土地。

胡志強市長時期，這裡不叫「水湳智慧城」，而是叫做「水湳經貿園區」，本來是要在這裡蓋台灣塔，那是一座高三百一十八公尺的塔型建築，以鋼骨打造，具穿透性空間，規劃有空中花園、步道，是胡志強任內規劃的台中新地標。

為什麼要蓋台灣塔？

副市長張光瑤翻遍所有資料，都沒有找到答案。

「高度」是最簡單的地標，因為只要把建築物設計得新穎一點，蓋高一點，很容易就可以成為新地標。但是，因為沒有精神和內涵，再加上沒有整體的區域改造和規劃，很容易就成為明日黃花。因為今天這座塔「最高」，明天就會有另一座塔「更高」，這樣的台灣塔，美則美矣，卻無更多的實用價值；更何況興建經費還要由原本的八十億，變成一百五十億。這讓林佳龍痛定思痛，快刀斬亂麻，不惜賠償廠商違約金，也要解約停蓋。

宣布停蓋那天，是二〇一五年一月十九日，距林佳龍上任的日子不到一個月。

原來，林佳龍對於把台中最後一塊寶地，變成另一個七期的原始規劃，很不滿意，他早就在自己心裡默默擘畫著另一個藍圖，環保、永續、產學合一、智慧兼具的城市區域規劃。

就這樣，「水湳智慧城」取代了「水湳經貿園區」，「智慧營運中心」取代了「台灣塔」。

難道只是換名字而已嗎？

坐在車裡的林佳龍，又雄心萬丈地講起他對「水湳智慧城」的規劃。

當今全世界都在蓋智慧城，不管是微軟的比爾蓋茲，還是Google，都宣布要以「造鎮」的方式投入發展。

科技和雲端將改變人類的生活方式，「建築」將不再只是「建築」而已，它會跟你溝通，它會根據你的心情，自動變換場景燈光，過去電影出現的那些鏡頭將很快地在現實生活中呈現。

智慧城市是一個未來趨勢，也是一座城市要有競爭力的關鍵。

如果你以為所謂的智慧城就是「減少碳排放量，架構Wifi和光纖網路而已」，那就大錯特錯了。因為在台中的水湳智慧城，被賦予「低碳、智慧、創新」三大目標，低碳只是其中一個目標，還要讓生活在裡面的人，享受到智慧都市所帶來新生活模式，所以這個智慧化是有「產值」的，也就是會有經濟效益，甚至會帶動新創產業的發展。

至於取代台灣塔的智慧營運中心（智慧塔），就是整個智慧城的「大腦」，所有的資料，都將匯集到這裡來，利用智慧、數位、環境監控的系統，結合大數據的處理和物聯網的技術，搭配獨特的歷史和文化氣息，將使台中成為具有特殊識別性的國際化城市。

智慧塔樓高二百六十二公尺，將會是台中最高的建築，到時會搭配燈光，呈現未來感和現代感。這棟建築蓋好後，會讓台中多一座地標，是由曾獲得建築界諾貝爾獎「普立茲克建築獎」的建築師波宗巴克所設計。

台中就是這麼一個具有人文的城市，因為有貝聿銘設計的東海大學路思義教堂、安藤忠雄的亞洲大學現代美術館、伊東豐雄的台中歌劇院、妹島和世的綠美圖，現在又有波宗巴克的智慧營運中心，台中市可說是普立茲克獎得主作品最密集的城市。

水湳智慧城，全區採用共同管道和「智慧共桿」，包括了所有路口的攝影機、空氣品質偵測、地下水位的偵測等等，這些資料都會匯集到大腦（智慧營運中心），然後隨時轉化推播給生活在這裡的人。

舉例來說，很多人一定都有開車找車位的經驗，好不容易找到位置，卻被別的車「咻！」一下卡進來，這種氣人的事，以後就不會發生在水湳智慧城。因為哪裡有塞車需要排除？哪個停車位離你最近？智慧營運中心都會隨時告訴你！

林佳龍也積極思考是否要在全區建置智慧電網系統，規定所有建築物都要裝設智慧水電及瓦斯表等，以後商辦區或家戶的水電、瓦斯等能源使用如有異常，就能夠提前警示，智慧電網也可以成為園區節電的基礎設備。

這是一個全新的規劃，台中市府也要求園區內所有的建築物，包含住宅區，都必須至少達到合格級的智慧建築等級，全區也將成為台中市「碳揭露」示範區，園區內基礎建設每項建材、工法、原料運送的碳足跡都將累計，開發完成後向大眾揭露，透過總量管制達到減碳目標。

科技始終來自於人性，如果只有科技智慧，整座水湳智慧城，豈不就冷冰冰？充滿機械金屬？甚至於是變成一座政府嚴密控制市民生活的資訊監獄？

這些問題，讓林佳龍笑了！

他說紐約有中央公園，台中也將會有中央公園。

台中的中央公園，就在水湳智慧城裡，全區將近六十七公頃的開發，是以中央生態公園作為主軸，並且以其蜿蜒的邊界，訂出五大專用區。

中央公園將成為「台中之肺」，這裡已經種植上萬株喬木，原生樹種更達到八成。也廣設太陽能板，達到園區內供電自給自足的目標。另外，只要是地形就一定有起伏，而且有南北走向，在遵循大自然法則下，中央公園規劃了五大滯洪池調節氣候，也依公園內不同特色的植栽，和地面材質，塑造出風格迥異的活動空間。

白天的風景線，更和黑夜的視角完全不同。

中央公園有休憩、運動、親子三種不同類型步道，以滿足不同需求的人們。到了晚上，更是不用看指標，就能知道步道的類型，因為洋紅的燈是「休憩」，淺藍的燈是「運動」，冷白的燈是「親子」，每個步道都有自己的代表色，散發

紐約有中央公園，台中也將會有中央公園！台中的中央公園，將成為「台中之肺」，它座落於水湳智慧城，目前已經種植上萬株喬木，原生樹種達到八成，同時還廣設太陽能板，達到園區內供電自給自足的目標，並規劃了五大滯洪池調節氣候。中央公園有休憩、運動、親子三種不同類型步道，以滿足民眾的不同需求。

著專屬於夜晚的美麗寧靜景致。

至於沿著中央公園，架構出來的五大區是經貿、生態住宅、文化商業、創新研發和文教，還搭配水資源回收中心，集汙也再生，光看這規劃，就知道這完全是個具有示範性，而且能夠自給自足、永續發展的智慧造鎮計畫。

水湳智慧園區裡的重大建設，除了先前提到的具有「大腦」功能的智慧塔外，還有讓交通方便的水湳轉運中心，其中有國道客運、公路客運、市區公車、未來的機場捷運、計程車和 iBike 轉乘接駁；讓「來客量源源不絕」的水湳國際會展中心，精品購物、大型策展和表演，全部就都在這裡；有人潮就會帶動經濟，但還是要有「文化」建設，保有和諧精神氣息，台中綠美圖因此誕生，裡頭有圖書館和美術館，結合中央公園，塑造公園中的圖書館、森林中的美術館，成為在地化的藝文休閒場域；既然有綠美圖這種渾厚的「經典文化」，當然也要有相對較輕的「流行文化」，想親近電影動漫時，中台灣電影中心和國家漫畫博物館就是最佳去處，這裡將結合「數位內容」、「影視文化」、「人文涵養」和「商業遊憩」，要歷史有歷史、要流行有流行，任由市民選擇。

而台中市目前積極發展的策略性產業，諸如工具機暨機械零組件、光電面板、自行車及零組件、木工機械、手工具、智慧機械及航太、機器人、人工智慧、電動車、無人車、縫紉業及紡織、鞋類及智慧穿戴、綠能、太陽能、生醫生技研發、

水湳智慧園區中，除了會有具「大腦」功能的智慧塔，還有讓交通方便的水湳轉運中心、讓「來客量源源不絕」的水湳國際會展中心，另外也有大型文化建設，例如在中央公園建造圖書館與美術館的「臺中綠美圖」，以及中臺灣電影中心和國家漫畫博物館，結合數位內容、影視文化、人文涵養和商業遊憩於一身。
（圖為中臺灣電影中心的模擬圖。圖片來源：臺中市政府網站）

循環經濟及新農業、國防研發、動漫遊戲ＡＣＧ、創新育成中心等，因此在水湳智慧城設一創新研發專用區，讓實驗場域、研發中心、總部，可以三位一體。

像工研院研發的無人駕駛中型巴士，就會在今年於水湳智慧城測試，宣告台中的智慧交通邁向新里程碑。

目前水湳智慧城已經動工，預計二〇二二年「全面」啟用，這將是全台灣第一個智慧城市。那時林佳龍還是台中市長嗎？就算他連任成功，那時也應該快卸任了。有人建議水湳智慧城的 Logo 旁，應該要有林佳龍的落款題字，畢竟這是在他任內積極奔走規劃的重大建設。

對此說法，辦公室主任游湧志斬釘截鐵地說：「不可能，現在又不是威權時代。」

祕書處處長李如芳說：「幹嘛要破壞城市美學？國外偉大建築，有哪一棟是有政治人物落款題字的？」

因此，在台中幾乎找不到有林佳龍落款題字的建築物、橋樑和道路。林佳龍相信留給人們的，應該是推動每件事物背後的精神和努力，唯有如此才能真的被記住，而不是那刻在冰冷石頭上的名字。

林佳龍指著「水湳智慧城」興奮地說「這裡真的會很棒」的神情，讓人印象深刻！

在他的眼睛裡，看到的不是圍籬，不是空地，而是人來人往的智慧城，有科技，有智慧，有產業，環境永續，文化札根，更將讓人看到屬於全體台中人的光榮！

台中的未來，可以是一個人來人往的智慧城，有科技，有智慧，有產業，環境永續，文化札根，更將讓人看到屬於全體台中人的光榮！
（圖為「智慧營運中心」模擬圖。圖片來源：臺中市政府網站）

終曲
他眼淚背後，許下的責任

「如果爸爸還在，現在已經八十二歲了。」

講這話時的林佳龍，眼神直直的，看著自己高鐵前方座位的椅背，儘管聲音平靜，卻依舊透露著不捨和想念。

林佳龍不捨爸爸一生辛勞，一個人要養三代人。林佳龍想念爸爸，想再看看爸爸為他量身做西裝時的身影。

這時的林佳龍，不是什麼市長，只是一個想念爸爸的孩子。

想念爸爸的同時，他也省視自己這些年所做的一切，是否符合爸爸的期待？是否像爸爸那般自律？是否一直堅持著正義？因為爸爸是雲林北上的裁縫師傅，儘管自己苦，卻願意照顧、拉拔同鄉子弟。這種想爸爸的心情，很複雜也很沉重。林佳龍很害怕過不了爸爸這一關，怕自己會辜負爸爸的期望。這樣的心情，相信每個做兒子的人都能了解和體會吧？！

原來，爸爸和兒子間，不是只有血緣關係，更有精神和意念的傳承。

林佳龍的父親在二〇〇〇年過世，那時才六十四歲。

「爸爸去世前兩年，我才回國，任教的中正大學又在南部，直到二〇〇〇年政黨輪替後我到台北總統府上班，才有機會和父親短暫相處。」

那時，林佳龍的父親特意跑到他家中，幫他量身做西裝，還一口氣做了十套。

「為什麼要做那麼多套？」林佳龍不解地問。

「你以後用得到。」

原來，那時林佳龍的爸爸，已經知道自己生病了。

儘管已經過了十八年，父子倆當時的對話，卻還鮮明地烙印在林佳龍腦海中，因為沒多久爸爸就過世了。

「他生前幫我量製西服時，我很想抱抱他，但當時不知該如何表達，我們父子之間也沒這個習慣。」林佳龍緩緩說出當年的遺憾。

這樣傳統保守的父子關係，在那個年代的台灣傳統家庭裡，應該都是如此的吧？

如果爸爸還在，想跟爸爸說什麼，或是做什麼？「我想多抱抱他，幫他多按摩。」林佳龍想都沒想就這麼回答。

時間回到十八年前的台大醫院病房，林佳龍父親過世的前一晚。

那晚，林佳龍的父親意識清醒，林佳龍坐在床尾，幫爸爸做腳底按摩。那手勁兒，一下輕，一下重，兩種力道交換得宜，那是兒子對爸爸的關心，那是兒子不斷地在對爸爸說：「我愛你。」

「那是我第一次幫爸爸做腳底按摩，他點頭微笑表達很滿足。」

隔天，林佳龍的爸爸就走了。

前一晚的第一次按摩，竟也是最後一次，但爸爸的點頭微笑，那欲言又止的樣子，一直留在林佳龍心底。

「現在我很常抱媽媽，媽媽總是笑得好開心。」

原來，林佳龍的爸爸，教會林佳龍的不是只有堅持、正義、自律而已，還有人和人之間溫度和情感的適時傳遞。儘管爸爸本身也是個木訥、內斂的人，臉上總是很嚴肅，但在台大醫院病房第一次同時也是最後一次的腳底按摩，爸爸微笑的那瞬間，林佳龍突然領悟到很多事。

林佳龍的從政之路，曾經因為溫度不大外顯而飽受「高傲」的抨擊。就算現在已經稍微進化了，但也不是屬於那種「人來瘋」、「很有嘴花」的政治人物。他總覺得很多事不能勉強別人，一切「自然」就好。曾經與他互動過的人都知道，其實林佳龍是個很真誠的人，只能說他的個性很率真，對有些事很堅持，他會選擇直接面對問題。

林佳龍的爸爸也是木訥、嚴肅的人，
但父子之間，仍然能感受到深深的愛。

林佳龍經常會拿出爸爸的照片來看，最常看的有兩張。

一張是爸爸穿著白汗衫，在做西裝，旁邊的徒弟則是認真地在拿剪刀，做剪布的動作。這照片傳達的意涵是：當師傅要有師傅的樣子，要以身作則，大家一起趕工，共同追求更好的生活。

另一張是小時候的全家福，父子倆都裝著西裝，爸爸雙手圈住林佳龍，林佳龍的小腳交疊放著，靠在爸爸身上吃零食。兩個姊姊在中間，媽媽則在最左邊。一家人儘管沒有同時注視著鏡頭，卻顯得自然又真實，大家互相依靠。

林佳龍說這兩張照片，往往會讓他的思緒返回從前，常常因止不住思念而潸然落淚。

跟別人承認自己會因想爸爸而掉淚，以前的林佳龍很可能說不出口，現在的林佳龍則是毫不隱藏地講出來，還會勸人有空應該多抱抱家人。

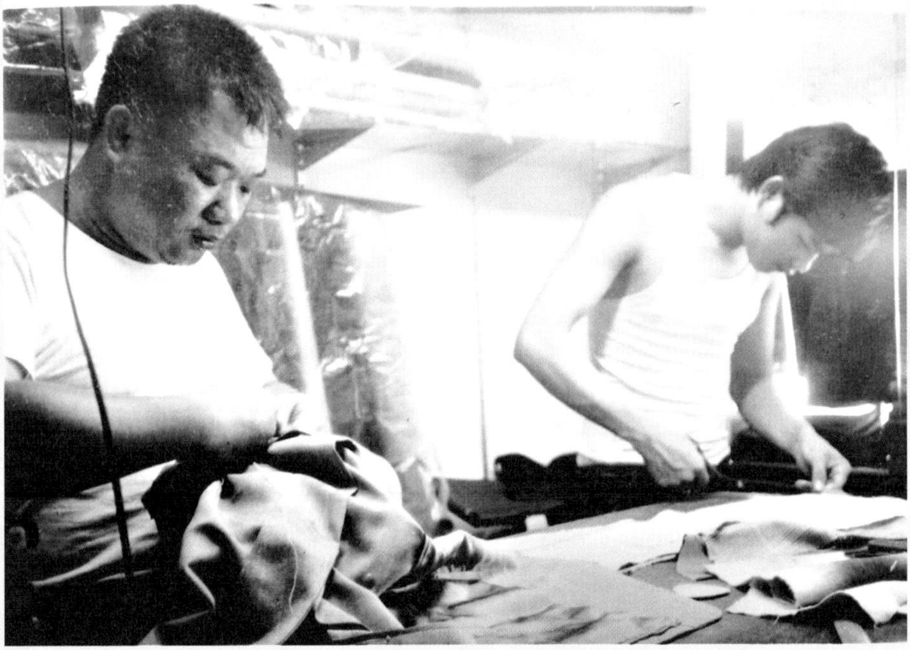

「當師傅要有師傅的樣子！」林佳龍的爸爸穿著白汗衫，
正在做西裝，旁邊的徒弟則認真地剪布。
大家為了更好的未來，一起流汗打拚。

林佳龍的心是柔軟的，對人、對環境甚至是連政策都是如此。

而這一切柔軟的根源，就是想讓社會，想讓大台中，變得更好，更有競爭力的初心。為此目標，他願意放下所有身段，他願意忍耐，他願意等待，他願意面對所有的挑戰，無怨無悔！

「感謝爸爸曾經那麼愛我，雖然他不曾說出口。感謝所有愛我的人，雖然有時我不能很自然地表達心意，這我要努力學習，讓自己更敢勇於開口，大聲講出：謝謝大家！我愛你們！」

林佳龍小時候的全家福。
童年的他，無憂的靠在爸爸身上吃零食，
長大以後，家人的愛仍是林佳龍從政最大的支持。

後記

呂佳穎

就像林佳龍的太太廖婉如在序中說的，「我們跟作者佳穎並不算是很熟的朋友」，在寫這本書之前，我也才採訪過林佳龍兩次，一次是二〇一二年他選立委，一次是二〇一四年他選台中市長。（只有一次是專訪）

願意讓一位不很熟悉的人做深度採訪，而且還要配合一堆訪問需求，例如讓訪談者在現場觀看各種會議、跟著同車跑行程等，就算我一直說「不要管我，你做你的……」，但這對林佳龍來說，的確需要點勇氣。

這次訪談的前三天，我什麼都沒問，只是在一旁靜靜的看、默默地聽。林佳龍常常一上車，就自顧自的對我說起他的願景。那幾天其實很有趣，我沒有太多的回應，只是傾聽和觀察，面對我這樣的訪問者，林佳龍依舊當起了他的林教授。說實話，那時我們兩人應該都各有防線！

當時我主要是想驗證別人形容他的那十字箴言——「和藹不可親，平易不近人」，究竟是不是那麼貼切？

一開始我的確以這個刻板印象在看林佳龍，我們初始相處真的有點卡，他一直向我談政策，當時的我根本聽不進去。一個選舉過的人，相處起來怎麼還會這麼有距離？這樣的訪談不會有火花，寫出來的文字，也無法動人。我是從美國回來進行訪談的，那幾天聚精會神地觀察，精神繃得很緊，晚上就算吃了褪黑激素還是睡不著，簡直要神經衰弱了，甚至壓力大到不知道什麼叫時差。永遠記得剛到台中那天，洗完澡躺下，已經半夜三點了，但是四個半小時後，我就要出現在台中市政府，因為一早七點半，林佳龍要開幕僚會議。

但也就是在那天，我看到他一早就勉勵同仁：「跨年不放煙火，讓台中跨年夜下雪，是對的！」天知道他自己也很擔心，不知道成不成！那天，也看到他和昔日的同黨競爭對手、立法院副院長蔡其昌的互動是如此自然。

那是松柏漁港改建的動土典禮，林佳龍比蔡其昌先到。司儀一看到林佳龍進場，就準備開場，這時我聽到他很小聲自言自語地說：「等一下啦，其昌馬上來……」，走在前面的隨扈，應該沒聽到他的碎念，我卻看到他走向司儀耳語幾句，司儀便又繼續暖場，等蔡其昌抵達才正式開場。

這是我「第一次」驚覺，這並不是大家印象中的林佳龍！他的細心和溫暖，怎會如此讓人不易察覺？我想蔡其昌應該也不知道這個小故事吧！

同樣也在這一天，我看到林佳龍換了四條領帶，只為了表達他對於參加活動的重視，像是頒獎就要換上有點紅的領帶。但是會有人發現他換領帶嗎？除非這人也參加他的前一場活動，否則應該不容易。

於是，才第一天，我就被打到了！

除了震撼，我也反省，雖然和林佳龍不熟，採訪的次數也不多，但是跑新聞出身的我，怎會在以往接觸的過程中，那麼不細膩，全然沒有發現他的另一面？在這之前，我確實以為他「和藹不可親，平易不近人」。

不過雖然才第一天，我就發現林佳龍其實沒那麼冷，但是就記者的敏銳度來說，我知道我們彼此仍還在摸索那條名為信任的線。

大概過了三天，林佳龍已逐漸習慣會議上有我的存在，結束行程時，他會回頭跟我說「上車喔」，我也開始會打斷他的談話，問我想問的問題了！對我來說，當我開始問問題，不照單全收，就代表已去除心中對林佳龍「和藹不可親，平易不近人」的標記了。

林佳龍從小就不是那種很外放、會和剛認識的人稱兄道弟的人，就算經過選舉的洗禮，他也無法改變。明明知道這樣很吃虧，必須走比較遠的路，才會讓人認識自己，他也不打算「大幅」轉變，而是將自己準備得更好，從「以人為本」的政策，去體現他對人、對土地的溫柔。

就像書中寫的，林佳龍的局處首長多達三分之二以前與他並不相識。我想這些局處首長，先前應該都跟我一樣經歷過「摸索」的過程，摸索怎麼去掉林佳龍的「保鮮膜」、打開「保鮮盒」。而在這過程中，我們也可以感受到林佳龍的進化，看見他試著把情感外露一些，讓政策和人一樣，可以有溫度、有生命。這種互動的過程，其實很有趣。

或許林佳龍不是那種一出場，就能獲得所有掌聲的政治人物，但他卻是一個願意為土地付出時間和關懷的政治人物，對土地都如此了，更何況是對政策和人！

我想我所書寫的一切，林佳龍初讀應該很不習慣，因為這不是他習慣展現在外的那個林佳龍——不是那個「模範生」形象的林佳龍。

這是一本很「不政治人物」的政治人物書，作為一個作者，要謝謝林佳龍和廖婉如，願意讓我進入他們以往沒讓人看見的領域，而且願意讓我書寫出來。

釀時代16　PC0762

鏡頭外的林佳龍
──從台中下雪的那晚談起

作　　者　呂佳穎
責任編輯　鄭伊庭
美術設計　王嵩賀

出版策劃　釀出版
製作發行　秀威資訊科技股份有限公司
114 台北市內湖區瑞光路76巷65號1樓
電話：+886-2-2796-3638　傳真：+886-2-2796-1377
服務信箱：service@showwe.com.tw
http://www.showwe.com.tw
郵政劃撥　19563868　戶名：秀威資訊科技股份有限公司
展售門市　台中五南文化廣場
400台中市中區中山路6號
電話：(04)2226 0330
三民書局
復北店：10491台北市中山區復興北路386號
重南店：100台北市中正區重慶南路一段61號
誠品書店（各大門市）
網路訂購　秀威網路書店：https://store.showwe.tw
博客來網路書店：https://www.books.com.tw/web/books
法律顧問　毛國樑　律師
總 經 銷　聯合發行股份有限公司
231新北市新店區寶橋路235巷6弄6號4F
電話：+886-2-2917-8022　傳真：+886-2-2915-6275

出版日期　2018年10月
定　　價　380元

Printed in Taiwan

國家圖書館出版品預行編目

鏡頭外的林佳龍：從台中下雪的那晚談起 / 呂佳穎 著.
一版. -- 臺北市：釀出版, 2018.10
面； 公分.
BOD版
ISBN 978-986-445-287-3(平裝)

1. 公共行政 2. 臺中市

575.33/115 107017159

讀者回函卡

感謝您購買本書，為提升服務品質，請填妥以下資料，將讀者回函卡直接寄回或傳真本公司，收到您的寶貴意見後，我們會收藏記錄及檢討，謝謝！
如您需要了解本公司最新出版書目、購書優惠或企劃活動，歡迎您上網查詢或下載相關資料：http:// www.showwe.com.tw

您購買的書名：＿＿＿＿＿＿＿＿＿＿＿＿＿＿＿＿＿＿＿＿

出生日期：＿＿＿＿年＿＿＿＿月＿＿＿＿日

學歷：□高中(含)以下　□大專　□研究所(含)以上

職業：□製造業　□金融業　□資訊業　□軍警　□傳播業　□自由業
□服務業　□公務員　□教職　□學生　□家管　□其它＿＿＿

購書地點：□網路書店　□實體書店　□書展　□郵購　□贈閱　□其他

您從何得知本書的消息？
□網路書店　□實體書店　□網路搜尋　□電子報　□書訊　□雜誌
□傳播媒體　□親友推薦　□網站推薦　□部落格　□其他＿＿＿＿＿

您對本書的評價：(請填代號　1.非常滿意　2.滿意　3.尚可　4.再改進)
封面設計＿＿　版面編排＿＿　內容＿＿　文／譯筆＿＿　價格＿＿

讀完書後您覺得：
□很有收穫　□有收穫　□收穫不多　□沒收穫

對我們的建議：＿＿＿＿＿＿＿＿＿＿＿＿＿＿＿＿＿＿＿＿

請貼
郵票

11466
台北市內湖區瑞光路 76 巷 65 號 1 樓
秀威資訊科技股份有限公司 收
BOD 數位出版事業部

(請沿線對折寄回，謝謝！)

姓　　名：＿＿＿＿＿＿＿＿　年齡：＿＿＿＿　性別：□女　□男

郵遞區號：□□□□□

地　　址：＿＿＿＿＿＿＿＿＿＿＿＿＿＿＿＿＿＿

聯絡電話：(日) ＿＿＿＿＿＿＿＿ (夜) ＿＿＿＿＿＿＿＿

E-mail：＿＿＿＿＿＿＿＿＿＿＿＿＿＿＿＿＿＿

ISBN 978-986-445-287-3
9 789864 452873 00380
建議分類　社會科學/政治人物